ZOES
PARTY CAKES
für kids

ZOE CLARK

Einfache Schritt-für-Schritt-Anleitungen zum Herstellen von
fantastischen Kuchen für unvergessliche Kinderpartys

 cake & bake
Verlagsgesellschaft

www.cakeandbake.company

Inhalt

EINFÜHRUNG   5

WERKZEUGE UND ZUBEHÖR   6

Knöpfe und Wimpel fürs Babys   8

Teddybären Picknick   16

Geliebte Spielzeugtruhe   24

Mitten im Garten   32

Die Prinzessin auf der Erbse   40

Surf's Up   46

Glitzernde Spiegelkugel   52

PAINTBALL PARTY   60

GANZ GROSSER AUFTRITT   68

Cupcake XXL   76

Schminkkoffer im Leopardenlook   82

Heimat der Superhelden   90

REZEPTE UND TECHNIKEN   96

VORLAGEN   124

LIEFERANTEN   126

DANK   126

ÜBER DIE AUTORIN   127

INDEX   127

Einführung

Mein Wunschtraum war es, ein Buch zu schreiben, das ausschließlich flippige Kuchen für Kinderpartys behandelt. Ich habe selbst Kinder und weiß daher, wie schwierig es sein kann, die richtigen Kreationen für ihre lang herbeigesehnten Geburtstage oder andere wichtige Anlässe auszuwählen und herzustellen. Dabei habe ich bewusst Disney und andere kommerziellen Motive beiseitegelassen. Ich wollte ausgefallene Projekte entwerfen, die Kids zum Lächeln bringen und noch lange in Erinnerung bleiben.

Dieses Buch enthält neue Ideen für Kinder in jeder Altersgruppe: von einer süßen mehrstöckigen Torte für Babys ersten Geburtstag bis zu einem leuchtend bunten Paintballkuchen für ältere Teenager. Du findest hier Anleitungen für eine Vielzahl unterschiedlicher Persönlichkeiten und Interessen, z. B. perfekte Kuchen für Märchenprinzessinnen, angehende Superhelden, Disco-Schönheiten, „Surf-Typen", trendige "Tweens" und noch vieles mehr. Außerdem zeige ich Dir, wie Du die Kuchen und das Design für Jungen oder Mädchen abändern kannst, falls es nötig ist.

Die Herstellung von Geburtstagskuchen sollte stressfrei sein und genauso viel Spaß machen wie die Party selbst. Unter diesem Aspekt habe ich die Anleitungen erarbeitet – einige sind ganz einfach, andere etwas anspruchsvoller. Durch die gut verständlichen Beschreibungen, die vielen step-by-step-Fotos, nützlichen Tipps, technischen Hilfen und passenden Vorlagen sind aber alle Projekte leicht umzusetzen - selbst für Anfänger.

In diesem Buch wurde eine ganze Reihe neuer, moderner Techniken verwendet, unter anderem das Arbeiten mit Blattsilber und Stempeln, der Umgang mit bedrucktem Fondantpapier und die Herstellung von Kuchen mit gemustertem Innenleben. Alles Dinge, die Deine Gäste wirklich in Erstaunen versetzen werden. Für den Fall, dass die Zeit für das Hauptprojekt zu knapp wird oder Du gern noch weitere Kleinigkeiten für die Party oder zum Mitgeben machen möchtest, findest Du zu jedem Projekt noch eine passende leckere Keks-Variante, oder einen Mini-Kuchen, oder lustige Cupcakes.

Ich hoffe, meine Vorschläge inspirieren Dich, diese Techniken nach Deiner Vorstellung umzusetzen und wünsche Dir viel Spaß bei der Herstellung hinreißender Torten, die genauso einzigartig sind wie unsere Kinder!

Werkzeuge und Zubehör

Die folgende Liste enthält die Grundausstattung, die Du zum Backen der Kuchen in diesem Buch benötigst, sowie die üblichen Werkzeuge für die Herstellung von Dekorationen. Am besten besorgst Du sie Dir, bevor Du mit dem Backen beginnst, dann hast Du sie griffbereit. Alle speziellen Dinge, die Du zusätzlich zu dieser Grundausstattung brauchst, werden bei den jeweiligen Projekten aufgeführt.

Grundausstattung Backen

- **Küchenmaschine** zum Rühren von Teig, Frosting und Royal Icing
- **Küchenwaage** zum Auswiegen der Zutaten
- **Messlöffel** zum Abmessen kleinerer Mengen
- **Rührschüsseln** zum Mischen der Zutaten
- **Teigschaber** zum vorsichtigen Mischen und Unterheben
- **Backformen** verschiedener Größe
- **Cupcake- oder Muffin-Backformen**
- **Backbleche** zum Backen der Kekse
- **Kuchengitter** zum Abkühlen

ALLGEMEINES ZUBEHÖR

- **Backpapier bzw. Wachspapier** zum Auslegen der Backformen und als Unterlage bei der Vorbereitung von Zuckerpasten
- **Frischhaltefolie** zum Abdecken von Zuckerpasten und Einpacken von Keksteig
- **Großes antihaft-beschichtetes Arbeitsboard** zum Ausrollen von Zuckerpasten (alternativ kannst Du sie auf einer leicht mit Puderzucker bestäubten Arbeitsfläche ausrollen)
- **Backpinsel** zum Auftragen von Sirup und glatter Aprikosenmarmelade auf die Kuchen
- **Großes und kleines scharfes Messer oder Skalpell** zum Schneiden der Zuckerpasten
- **Großes und kleines Wellenschliffmesser** zum Schnitzen und Formgeben der Kuchen

- **Anti-Rutschmatte** als Unterlage unter das Board

- **Tortenboden-Schneidegerät** zum Ausgleichen des Kuchens und Schneiden gleichmäßiger Böden

- **Großes und kleines Palettenmesser** zum Auftragen von Frosting und Ganache

- **Ausrollhölzer** als Hilfsmittel beim Ausrollen von Marzipan und Zuckerpasten

- **Wasserwaage** zum Ausrichten von gestapelten mehrstöckigen Kuchen

- **Glätter** zum Glattstreichen der Zuckerpasten

- **Küchentuch / Küchenpapier**

- **Lineal aus Metall** zum Messen von verschiedenen Höhen und Längen

- **Kunststoffhüllen und -tüten** zum Aufbewahren von Icing, damit es nicht austrocknet.

- **Teigspatel** zum Formen und Glätten von Frosting, Ganache oder Royal Icing. Wird ähnlich wie ein Spachtel verwendet.

Werkzeuge und Zubehör für die Dekorationen

- **Große und kleine antihaft-beschichtete Rollstäbe** zum Ausrollen von Marzipan und Zuckerpasten

- **Hohle Kunststoff-Stützen** zum Stapeln der Kuchen

- **Drehteller** zum Schichten der Kuchen

- **Doppelseitiges Klebeband** zum Anbringen von Bändern an Kuchen und Cakeboard

- **Spritzbeutel aus Papier oder Kunststoff** zum Spritzen von Royal Icing und für die Cremehauben auf Cupcakes

- **Spritztüllen** für die Dekorationen mit Royal Icing

- **Zahnstocher oder kleine Cocktailspieße** zum Stabilisieren kleiner Pastenteile

- **Essbarer Lebensmittelkleber** zum Befestigen von Zuckerpasten

- **Lebensmittelfarbstifte** zum Aufbringen kleiner Details auf Zuckerpasten

- **Vorlage** für die Oberseite des Kuchens, um die Mitte und die Positionen der Kuchenstützen zu markieren

- **Feine Pinsel** zum Malen und Auftragen des Klebers

- **Puderpinsel** zum Auftragen von Farbpuder auf Zuckerpasten

- **Ball Tool** zum Ausdünnen oder Aufrüschen von Blütenpaste

- **Runde Ausstecher** in verschiedenen Größen

- **Verschiedene Ausstecher** wie zum Beispiel Blumen, Ovale und Herzen zum Ausstechen von Keksen und Zuckerpasten

- **Klarer Alkohol (z.B. Wodka, Gin)** zum Mischen von Farbe mit Farbpulvern und zum Befestigen von Zuckerpasten auf Marzipan

- **Weißes Pflanzenfett** zum Einfetten des Arbeitsboards, der Rollstäbe und der Silikonformen

Knöpfe und Wimpel fürs Baby

Die Zuckerknöpfe und abgesteppten Details zusammen mit den bunten Wimpeln, niedlichen Elefanten und Vögeln ergeben das perfekte Design für eine Torte, um die Taufe oder ein Neugeborenes zu feiern. Der hellgraue Hintergrund ist neutral, aber Du kannst ihn nach Wunsch für Junge oder Mädchen anpassen, wenn Du die Blumen weglässt oder die Farbkombination änderst.

Du benötigst

MATERIAL

- Je einen runden Kuchen: 10 cm Durchmesser, 10 cm hoch; 15 cm Durchmesser, 11 cm hoch. Ein quadratischer Kuchen, 20 x 20 cm, 11 cm hoch (siehe Kuchenrezepte), alle mit grauem Rollfondant eingedeckt (siehe Eindecken mit Rollfondant)

- 1 Drum (Cakeboard, 12 mm dick), quadratisch, 28 x 28 cm, mindestens 24 h vorher mit grauem Rollfondant eingedeckt (siehe Cakeboards eindecken)

- 45 – 60 ml (3 – 4 EL) Royal Icing (siehe Royal Icing)

- Blütenpaste: 30 g weiß, 80 g blau abgetönt (blau und schwarz gemischt), 65 g abgetöntes babyrosa (rosa und braun gemischt), 50 g dunkleres abgetöntes rosa (etwas mehr rosa und braun gemischt), 50 g senfgelb (gelb und elfenbeinfarben gemischt), 50 g aubergine (violett, rosa und braun gemischt), 40 g olivgrün (grün und braun gemischt), 15 g dunkelgrau

ZUBEHÖR

- Sechs Kuchenstützen auf passende Länge zugeschnitten (siehe Stapeln mehrstöckiger Torten)

- Graues geripptes Satinband: 1,75 m lang (10 mm breit), 1,15 m lang (15 mm breit)

- Runder Ausstecher: 10 mm

- Vorlagen: großer Elefant, Vogel, Wimpel (siehe Vorlagen)

- Stichrädchen

- Sechsblättriger Blumenausstecher: 33 mm

- Fünfblättrige Blumenausstecher: 26 mm, 22 mm

- Schneiderädchen

- Silikonform Knöpfe (FPC und Squire's Kitchen Silikonformen)

1 Stütze die Kuchen ab und stapele sie auf dem eingedeckten Cakeboard. Nimm je drei Stützen für den unteren und den mittleren Kuchen. Befestige sie auf ihrem Platz mit etwas Royal Icing. Schlinge das 10 mm breite Band um den unteren Rand jedes Kuchens und befestige es mit doppelseitigem Klebeband (siehe Band an Kuchen und Board befestigen).

2 Rolle weiße Blütenpaste sehr dünn aus und stich genügend Kreise aus, um den Kuchen mit einem Tupfenmuster dekorieren zu können. Beginne mit dem unteren Kuchen und befestige die Kreise mit etwas Lebensmittelkleber gleichmäßig verteilt. Achte darauf, dass die Abstände waagrecht und senkrecht gleich groß sind. Ich habe sie nicht ausgemessen, aber wenn es Dir lieber ist, dann nimm ein Lineal zu Hilfe.

3 Beginne mit den Tupfen auf der Rückseite der oberen Kuchen. Befestige auf dem 15 cm hohen Kuchen einen Kreis am unteren Rand und zwei darüber: einen in der Mitte und einen am oberen Rand. Fahre in einer Richtung um den Kuchen herum fort, verteile die Kreise gleichmäßig in etwa dem gleichen Abstand waagrecht und senkrecht. Fülle die Lücken dazwischen mit weiteren Kreisen. Der obere Kuchen ist etwas niedriger, lasse deshalb die oberste Reihe Kreise weg. Versuche aber, die Abstände konstant zu halten.

4 Rolle etwa 40 g blau abgetönte Blütenpaste etwa 1 mm dick aus. Schneide mit Hilfe der Vorlagen (siehe Vorlagen) den Elefanten und zwei Wimpel mit einem scharfen Messer oder Skalpell vorsichtig aus. Fahre mit dem Stichrädchen den ganzen Umriss innen nach. Lege die beiden Wimpel unter Schutzfolie, um sie vor dem Austrocknen zu schützen.

5 Platziere den Elefanten an der rechten Vorderseite des Kuchens. Entferne alle Kreise, die hinter ihm liegen, bevor Du ihn befestigst, sowie alle, die teilweise verdeckt würden. Das sollte ganz leicht sein, wenn Du nicht zu viel Kleber verwendet hast – im Notfall kannst Du auch ein scharfes Messer dazu verwenden. Befestige den Elefanten jetzt mit Lebensmittelkleber an seinem Platz.

6 Stich aus der restlichen weißen Blütenpaste neue Kreise aus. Schneide sie so zurecht, dass sie im Muster am Elefanten anliegen und Du das Tupfenmuster beibehältst. Bringe sie mit Lebensmittelkleber an.

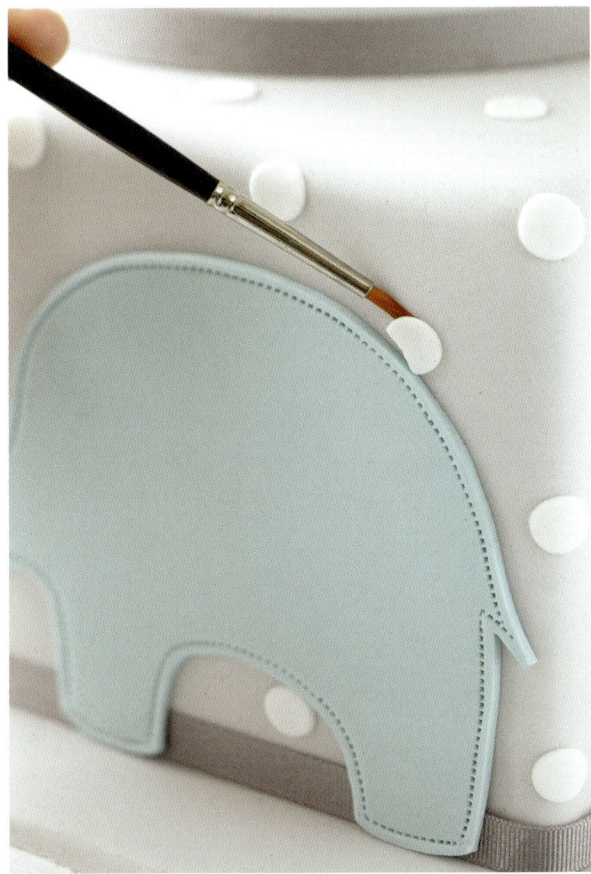

7 Rolle etwa die Hälfte der abgetönten Blütenpaste in babyrosa 1 mm dick aus und schneide das Elefantenohr, den Vogel und zwei Wimpel mit Hilfe der Vorlagen aus (siehe Vorlagen). Umfahre die Umrisse innen mit dem Stichrädchen. Befestige das Ohr am Elefanten mit etwas Lebensmittelkleber. Bringe den Vogel am oberen Kuchen an und entferne auch hier alle Kreise, die unter ihm liegen würden. Ersetze sie durch frisch ausgestochene und zurechtgeschnittene neue Kreise (siehe Schritt 5). Lege die beiden rosafarbenen Wimpel zu den beiden blauen unter die Schutzmatte.

8 Rolle die dunklere rosafarbene Blütenpaste etwa 1 mm dick aus. Schneide zwei weitere Wimpel und den Flügel des Vogels mit Hilfe der Vorlagen (siehe Vorlagen) aus. Umfahre den Umriss mit dem Stichrädchen, befestige den Flügel mit Lebensmittelkleber und lege die Wimpel zu den anderen unter die Schutzmatte.

9 Schneide je zwei weitere Wimpel aus senfgelber und auberginefarbener Blütenpaste aus und präge sie mit dem Stichrädchen. Markiere einen winzigen Punkt am oberen Rand des mittleren Kuchens in gerader Linie oberhalb der rechten vorderen Ecke des quadratischen Kuchens. Markiere einen zweiten Punkt auf der gegenüberliegenden Seite des mittleren Kuchens oberhalb der linken hinteren Ecke des untersten Kuchens. Stelle Dir eine gebogene Linie vor, die zwischen den beiden Markierungspunkten auf beiden Seiten des Kuchens verläuft. Der Verlauf muss nicht exakt sein.

10 Befestige von jeder Farbe je einen Wimpel in einem Bogen auf der linken Vorderseite. Nimm dort alle weißen Kreise vorher weg und ersetze sie durch zurechtgeschnittene neue Kreise (siehe Schritt 5), wenn die Wimpel in Position sind. Achte darauf, dass der Abstand zwischen den Wimpeln gleich groß ist (etwa 5 – 10 mm). Bringe die restlichen Wimpel passend zur Vorderseite auf der Rückseite an.

11 Rolle die restliche farbige Blütenpaste dünn aus und stich mit den Ausstechern verschieden große Blumen aus. Bringe zwei bis vier Blumen an den Seiten des unteren Kuchens an. Verteile sie gleichmäßig auf der unteren Hälfte des Kuchens. Ersetze auch hier die weißen Kreise durch zurechtgeschnittene (siehe Schritt 5). Bringe etwa neun oder zehn weitere Blumen an den beiden anderen Kuchen an, zwischen den Wimpeln und um den Vogel herum.

12 Rolle die olivgrüne Blütenpaste 1 mm dick aus. Markiere die Paste der Länge nach mit dem Stichrädchen, je zwei Linien eng beieinander liegend. Du benötigst für jede Blume des unteren Kuchens Stiele. Schneide die gesteppten Stiele mit einem scharfen Messer aus und befestige sie mit Lebensmittelkleber an den Blumen. Schneide sie auf die richtige Länge zu.

13 Schneide mit dem Schneiderädchen oder dem Skalpell kleine Blätter in unterschiedlichen Formen aus der restlichen olivgrünen Blütenpaste aus. Markiere die Mitte der Blätter mit dem Stichrädchen, von der Spitze bis zum Stiel. Bringe ein bis zwei Blätter willkürlich an jedem Blumenstiel und unterhalb der "fliegenden" Blumen an. Schneide sie dabei passend zu.

14 Streiche vor der Herstellung der Knöpfe ganz dünn weißes Pflanzenfett in die Mulden der Silikonform. Rolle aus farbiger Blütenpaste eine Kugel, die in die Mulde passt. Drücke sie hinein und streiche die Rückseite mit den Fingern glatt. Löse die Paste heraus, ohne sie zu verformen. Stelle für die Mitte jeder Blume einen Knopf her und nimm dazu verschiedene Größen und Farben. Befestige die Knöpfe mit Lebensmittelkleber.

TIPP

Wenn die Knöpfe nicht leicht aus der Form zu nehmen sind, lege sie mit der Form fünf Minuten ins Gefrierfach, damit sie etwas fester werden, bevor Du sie auslöst.

TIPP

Bei der Herstellung der Knöpfe kannst Du mit einem Stück Paste zuerst die benötigte Menge herausfinden und die Paste dann erneut zu einer glatten Kugel rollen, damit die Oberfläche glatt und ohne Risse ist.

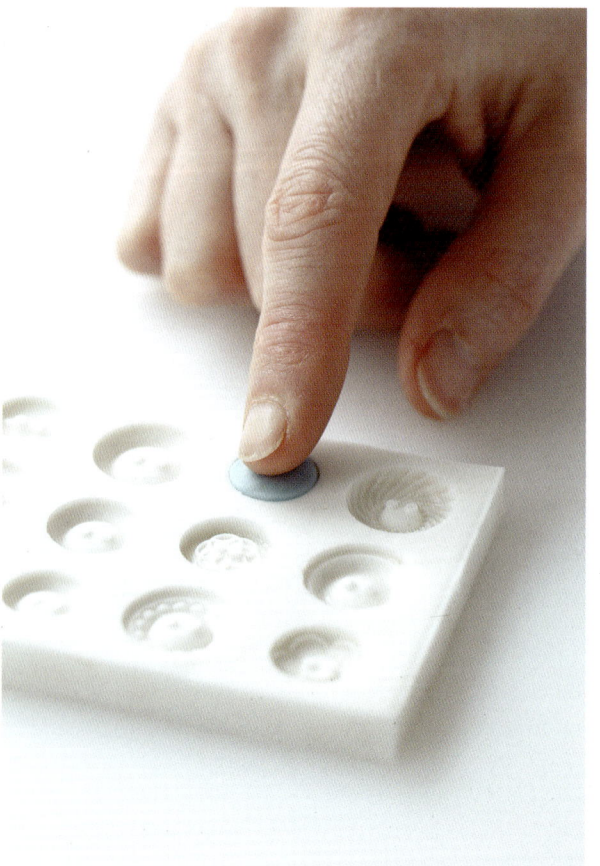

15 Rolle die dunkelgraue Blütenpaste dünn aus und schneide winzige Streifen von 10 x 1,5 mm für die Wimpelschnur aus. Befestige die Streifen mit Lebensmittelkleber überlappend zwischen den Wimpeln, um diese miteinander zu verbinden. Schneide einen weiteren winzigen Streifen für das Auge des Elefanten aus und bringe ihn in gebogener Form an. Schneide drei Streifen zu und befestige sie wie aufgestickte Wimpern. Forme abschließend eine kleine Kugel für das Auge des Vogels und befestige es mit Lebensmittelkleber.

16 Klebe das graue Satinband von 15 mm Breite um den Rand des Cakeboards (siehe Band an Kuchen und Board befestigen).

ZUSATZPROJEKT

Dekoriere einfache Cupcakes mit den Vögeln und den Blumen (siehe Cupcakes backen). Backe sie in silbernen Folienförmchen, decke sie mit grauem Rollfondant ein (siehe Cupcakes eindecken) und verziere sie in demselben Tupfenmuster.

Niedliche Elefantenkekse

Diese hübschen maßgefertigten Kekse wurden mit Hilfe der Vorlage des Kuchenprojektes ausgeschnitten. Sie werden mit Royal Icing überzogen und mit kleinen Details aus Blütenpaste dekoriert. Dadurch kannst Du auch hier das Stichrädchen und die Knopfblumen dekorativ einsetzen und so die perfekte Ergänzung zum Kuchenprojekt herstellen.

Du benötigst

- Kekse (siehe Kekse backen), nach der Vorlage in Form von Elefanten ausgeschnitten: Es stehen zwei Größen zur Verfügung, um kleine und große Kekse auszuschneiden (siehe Vorlagen)

- Royal Icing (siehe Royal Icing)

- Lebensmittelfarbpasten, passend zu dem Blau, Rosa und Grau des Kuchens

- Blütenpaste, passend eingefärbt zu den Farben des Kuchens

- Knopfblumen mit Blättern (siehe Schritt 11 bis 14, Knöpfe und Wimpel fürs Baby)

- Stichrädchen

- Schneiderädchen

1 Überziehe Deine Kekse mit Royal Icing (siehe Kekse mit Royal Icing überziehen) in blau, rosa und grau.

2 Rolle für das Ohr farbige Blütenpaste dünn aus und schneide die Form mit Hilfe der Vorlage für das Elefantenohr aus (siehe Vorlagen). Umfahre den Umriss innen mit dem Stichrädchen und befestige das Ohr mit Lebensmittelkleber auf dem Keks.

3 Befestige die Augen (siehe Schritt 15, Knöpfe und Wimpel fürs Baby) und die Blumen und Blätter mit Lebensmittelkleber auf den Elefanten.

Teddybären-Picknick

Dieses klassische Motiv eignet sich hervorragend für den ersten Geburtstag oder die Party eines kleinen Mädchens. Das Modellieren der Bären ist eine einfache Technik, die Du beherrschen solltest, da sich die Basis-Körperteile ganz einfach für andere Tiere abwandeln lassen. Der Picknickkorb mit Korbgeflecht, die kleinen modellierten Kuchen und das süße Geschirr vervollständigen die fröhliche Szene.

Du benötigst

MATERIAL

- Einen quadratischen Kuchen, 18 x 18 cm, 11,5 cm hoch (siehe Kuchenrezepte), frisch eingedeckt mit beigefarbenem Rollfondant (elfenbeinfarben und braun gemischt) (siehe Eindecken mit Rollfondant)

- 150 g beigefarbener Rollfondant, passend zum Überzug, mit 0,75 ml CMC verknetet (siehe Modellierpaste und CMC)

- Blütenpaste: 200 g weiß, 40 g hellblau, 5 g braun, 50 g rosa, 5 g dunkelrosa, 5 g grün

- 400 g Modellierpaste in hellbraun (braun und weiß gemischt)

- ¼ Portion Royal Icing (siehe Royal Icing)

- Eine runde Drum 30 cm Durchmesser (Cakeboard, 12 mm hoch), eingedeckt mit elfenbeinfarbenem Rollfondant (siehe Cakeboards eindecken)

ZUBEHÖR

- Prägewerkzeug Korbgeflecht, 11 cm (Patchwork Cutters)

- Streifen-Ausstecher, 5 mm (Nr. 2, JEM)

- Runde Ausstecher: 10 mm, 15 mm, 20 mm, 25 mm, 35 mm

- Trockene Spaghetti

- Satinband 15 mm breit: 1 Stück 2 m beige und 1 Stück 1,25 m blau

1 Drücke das Prägewerkzeug mit Korbgeflechtmuster in den Rollfondant-Überzug. Beginne auf einer Seite und arbeite rund um den Kuchen. Präge dann den oberen Rand des Kuchens. Du kannst nicht die gesamte Fläche auf einmal zu prägen, eventuelle Überlappungen in der Mitte werden später durch das Schleifenband verdeckt.

2 Präge die Oberseite des Kuchens in der gleichen Weise und streiche das Muster notfalls etwas glatt. Achte auf die Ecken, da sie sichtbar bleiben werden.

TIPP

Drücke das Werkzeug in der Mitte nicht zu fest ein, da das Muster sonst durch die Picknickdecke sichtbar wird und sie uneben aussehen lässt.

3 Rolle ¼ der beigefarbenen Modellierpaste zu einem Strang von etwa 75 cm Länge. Zuerst mit den Händen, dann verwende den Glätter, um den Strang gleichmäßig zu rollen. Schlage ihn zur Hälfte um und drehe ihn zu einer Kordel. Wiederhole dies mit der restlichen Paste noch dreimal.

4 Streiche ein wenig Lebensmittelkleber um den oberen Rand des Kuchens. Befestige daran eine der Kordeln an der Vorderseite und schneide beide Enden seitlich ab. Bringe die zweite Kordel auf der Rückseite des Kuchens an und schneide sie sauber an den Enden der ersten Kordel ab. Wiederhole das Ganze mit den restlichen zwei Teilen am unteren Rand des Kuchens.

5 Rolle für die Picknickdecke 150 g weiße Blütenpaste 3 mm dick aus und bedecke sie mit einer Kunststoff-Schutzmatte. Rolle die hellblaue Blütenpaste 2 mm dick aus und schneide mit dem Streifenausstecher Streifen aus. Nimm die weiße Paste unter der Schutzmatte hervor und lege die Streifen in gleichmäßigen Abständen darauf. Drücke die Streifen vorsichtig in die Paste und rolle alles 2 mm dick aus. Schneide ein Quadrat von 20 x 20 cm aus und befestige die Decke mit etwas Lebensmittelkleber auf dem Korb.

6 Rolle für den kleineren Bärenkörper 90 g hellbraune Modellierpaste zu einer Kugel und forme diese dann zu einem Kegel. Wiederhole dies mit 95 g Modellierpaste für den größeren Bären. Stecke ein Stück Spaghetti von oben mittig durch jeden Bärenkörper und schneide es etwa 2,5 cm oberhalb des Körpers ab.

7 Rolle für die Beine des kleineren Bären 16 g hellbraune Modellierpaste je Bein zu einer Kugel und dann in eine große Kegelform. Drücke die schmalen Enden mit den Fingern spitz zusammen und lasse die Füße breit. Schneide die Enden mit einem Messer sauber ab, diagonal nach unten, von den Füßen weggerichtet. Wiederhole den Vorgang für den größeren Bären mit je 18 g Modellierpaste pro Bein. Befestige die Beine mit Lebensmittelkleber an den Körpern.

8 Verwende für die Arme 10 g hellbraune Modellierpaste je Arm für den kleinen Bären und 12 g Paste je Arm für den größeren Bären. Rolle die Paste zu einem Strang und drücke ein Ende spitzzulaufend zusammen. Befestige die Arme mit Lebensmittelkleber an den Körpern der Bären. Der eine Arm des Bärenmädchens liegt auf ihrem Fuß, beide Arme des Bärenjungen treffen sich vor seinem Körper.

TIPP

Gib etwas Lebensmittelkleber auf die Fußspitzen der Bären, damit die Arme gut in Position bleiben.

9 Rolle für den kleinen Bärenkopf 40 g hellbraune Modellierpaste zu einer Kugel und 45 g für den großen Bärenkopf. Verknete ein erbsengroßes Stück hellbraune Paste mit der gleichen Menge weißer Blütenpaste. Halbiere die Paste, rolle sie zu zwei kleinen Kugeln und drücke sie flach. Befestige je eine der Scheiben mit Lebensmittelkleber auf den Gesichtern der Bären. Präge mit dem Rand des runden 10 mm Ausstechers ein Lächeln in ihr Gesicht. Drücke die Köpfe auf die Spaghetti und befestige sie so auf den Körpern.

TIPP

Setze die Köpfe leicht abgewinkelt auf, um ihnen mehr Ausdruck zu verleihen.

10 Die Nasen der Bären formst Du aus zwei winzigen Stücken brauner Blütenpaste, die Augen zeichnest Du mit einem schwarzen Lebensmittelfarbstift ein. Rolle für die Ohren je zwei erbsengroße Stücke hellbrauner Paste pro Bär zu Kugeln. Drücke die Mitte mit einem Ball Tool ein und klebe sie an die Köpfe. Lasse alles trocknen.

11 Rolle für die Schleife des kleinen Bären 35 g rosafarbener Blütenpaste zu einem Streifen von etwa 10 x 4 cm dünn aus. Schneide vier gleichmäßige Streifen von 0,75 – 1 cm Breite über die ganze Länge aus. Wickele einen Streifen um den Hals des Bären, schneide ihn auf die richtige Länge ab und befestige ihn mit Lebensmittelkleber.

12 Schneide einen weiteren Streifen auf 8 cm Länge zu, drücke ihn in der Mitte und an jedem Ende zusammen. Schlage die beiden Enden zur Mitte hin um und befestige sie dort, um so die Schlaufen zu bilden. Lege das abgeschnittene Stück von 2 cm als Knoten um die Mitte. Falte dazu die Seiten leicht nach innen um und lege den Streifen dann um die Mitte der Schleife. Drücke je ein Ende der restlichen zwei Streifen zusammen, um die Schleifenbänder herzustellen. Befestige sie überlappend seitlich am Hals des Bären, schneide sie auf die passende Länge ab und bringe die Schleife darauf an.

13 Rolle für den Kuchen die restliche rosafarbene Blütenpaste aus und stich mit dem runden 25 mm Ausstecher vier Scheiben aus. Rolle etwa 20 g weiße Blütenpaste aus und stich drei weitere Scheiben und eine Scheibe mit 35 mm für die Kuchenplatte aus. Klebe die Scheiben mit Lebensmittelkleber wie gezeigt aufeinander. Rolle dann neun winzige Kugeln aus der dunkelrosafarbenen Blütenpaste aus und befestige sie auf dem Kuchen.

14 Für die Teekanne rollst Du 10 g weiße Blütenpaste zu einer Kugel. Indem Du Ober- und Unterseite flach drückst, entsteht die Birnenform. Präge die Oberseite mit dem runden 15 mm Ausstecher. Stich eine Scheibe von 15 mm Durchmesser für den Boden aus und präge ihren Rand. Rolle einen kleinen Strang für den Griff und stich eine weitere Scheibe von 15 mm Durchmesser für den Deckel aus. Rolle eine kleine Kugel und lege sie auf den Deckel. Klebe alle Teile mit Lebensmittelkleber zusammen.

17 Forme die Teetasse aus einem kleinen dicken Zylinder aus weißer Blütenpaste und lege eine Scheibe aus brauner Blütenpaste obendrauf. Rolle für den Henkel einen kleinen Strang aus weißer Blütenpaste und bringe ihn mit Lebensmittelkleber an. Stich mit dem runden 15 mm Ausstecher eine Scheibe als Untertasse aus und befestige die Tasse mit Lebensmittelkleber darauf.

15 Rolle für den Cupcake, den der kleine Bär hält, rosafarbene Blütenpaste zu einem schrägen Zylinder und präge mit einem scharfen Messer Rippen rundherum ein. Forme aus weißer Blütenpaste einen kleinen dünnen Strang und rolle ihn für die Cremehaube des Cupcakes auf. Klebe die Teile mit Lebensmittelkleber zusammen und befestige oben eine kleine Kugel aus dunkelrosa Blütenpaste.

16 Schneide für die Sandwiches kleine Quadrate aus grüner Blütenpaste aus. Lege sie zwischen zwei Quadrate aus weißer Blütenpaste und halbiere die "Sandwiches" zu Dreiecken. Stich mit dem 20 mm Ausstecher einen Teller aus weißer Blütenpaste aus, befestige ein Sandwich darauf und bringe es zwischen den Pfoten des größeren Bären an. Stich mit dem 25 mm Ausstecher einen weiteren Teller aus und stapele die restlichen Sandwiches darauf.

18 Bringe die beiden Bären mit etwas Royal Icing auf dem Kuchen an. Klebe die Picknickteile mit Lebensmittelkleber fest, wenn sie noch weich sind, sonst nimm auch hier Royal Icing.

19 Schlinge das beigefarbene Band um den Kuchen, um den Ansatz des Korbmusters zu verdecken. Befestige es an Vorder- und Rückseite mit doppelseitigem Klebeband. Binde eine kleine Schleife und befestige sie mit doppelseitigem Klebeband auf dem Band. Bringe abschließend das blaue Band am Rand des Cakeboards an.

Kekse für Naschkatzen

Kinder werden diese niedlichen Kekse, die wie ihre Lieblingskuchen und –törtchen aussehen, über alles lieben. Sie ergänzen das Hauptprojekt perfekt durch die Pastellfarben und eignen sich hervorragend zu jedem Picknick oder jeder Party. Du kannst dabei die Dekoration ganz nach Geschmack sehr einfach oder auch sehr aufwändig gestalten.

Du benötigst

- Kekse mit glatten oder gewellten Rändern (siehe Kekse backen): 2,5 cm, 5 cm und 6,5 cm rund, 5 cm quadratisch

- Kleine bis mittelgroße Spritzbeutel, gefüllt mit sehr weichem (soft-peak) Royal Icing (siehe Royal Icing) in weiß, rosa und braun für die Füllung und den Überzug der Kuchen

- Vier kleine Garniertüten mit Tüllen Nr. 1, gefüllt mit weichem Royal Icing in hellblau, weiß, rosa und dunkelrosa

- Zwei mittelgroße Spritzbeutel, gefüllt mit dünnflüssigem Icing in hellblau und weiß

- Ein Strang weißer Blütenpaste, 2 cm lang, für die Kerze

KEKS MIT MEHRLAGIGEM KUCHEN

1 Spritze mit hellblauem Royal Icing einen Rand auf den größten runden Keks und fülle die Fläche mit Icing aus (siehe Kekse mit Royal Icing überziehen), um die Platte zu erhalten. Lasse das Icing trocknen, dann spritze die winzigen Punkte mit weichen hellblauen Icing um den Rand (siehe Royal Icing spritzen).

2 Spritze mit sehr weichem rosafarbenen Royal Icing einen gewellten Rand um drei Kekse mit 5 cm Durchmesser und fülle die Flächen mit Icing. Lasse alles trocknen und setze die drei Kekse mit Royal Icing als mehrlagigen Kuchen aufeinander und befestige diesen auf der Kuchenplatte (siehe Foto). Spritze mit dunkelrosafarbenem Icing kleine Punkte auf den oberen Rand des Kuchens.

3 Gib etwas Royal Icing in die Mitte des Kuchens, befestige die Kerze damit und spritze einen kleinen Punkt Icing obendrauf. Ziehe ihn beim Spritzen leicht nach oben für den Docht.

KEKSE MIT KLEINEN KUCHEN

1 Spritze einen Rand mit weißem Icing um den quadratischen Keks und fülle ihn mit Icing als Platte. Spritze nach dem Trocknen eine Bordüre als zusätzliche Dekoration um den Rand. Befestige den Keks auf einem kleineren Keks, damit er wie ein Kuchenständer aussieht.

2 Überziehe die Hälfte der 2,5 cm Kekse mit sehr weichem Royal Icing in weiß und braun für die oberen Teile der Kuchen, wie für den rosafarbenen Guss des Kuchens zuvor beschrieben. Befestige sie nach dem Trocknen auf der unteren Hälfte mit so viel Icing, dass es etwas an der Seite herausquillt. Dekoriere sie mit rosafarbenen Spiralen und dunkelrosafarbenen Kugeln aus Royal Icing.

3 Befestige die kleinen Kuchen mit Royal Icing auf der quadratischen Platte.

Geliebte Spielzeugtruhe

Diese klassische Spielzeugtruhe mit naturgetreuer Holzmaserung und der hübschen Sammlung von Baby-Spielzeug ist ein einfaches, aber reizendes Design zum ersten Geburtstag. Die Modellierung der Spielzeuge ist ebenfalls ganz einfach – meistens aus einer Kugelform entstehend – und Du kannst die Dekoration abwandeln und die Lieblingsstücke des Empfängers hinzufügen!

Du benötigst

MATERIAL

- Einen rechteckiger Kuchen, 20 x 12,5 cm, 10 cm hoch (siehe Kuchenrezepte) auf einem festen Untergrund (5 mm Hardboard oder Tortenpappe), die Flächen einzeln dünn mit Rollfondant eingedeckt (siehe Eindecken mit Rollfondant)

- Rollfondant: 1 kg elfenbeinfarben / hellbeige, 1,5kg schokoladenbraun, verknetet mit 15 ml CMC-Pulver

- Modellierpaste: 340 g beige (elfenbeinfarben und braun gemischt), 100 g rosa (siehe Modellierpaste und CMC)

- Blütenpaste: 5 g schwarz, 5 g braun, 150 g weiß, 100 g hellblau, 25 g rot, 20 g orange, 20 g gelb, 80 g grün, 65 g violett

- ¼ Portion Royal Icing (siehe Royal Icing)

ZUBEHÖR

- Cakeboard (Drum 12 mm), 33 cm rund

- Metall-Lineal mit geradem Ende

- Quilting Tool (Modellierwerkzeug mit spitzem Ende und Stichrädchen)

- Stück Spaghetti

- Ausstecher: Stern 6 cm, Kreis 1 cm, Buchstaben

- Webband, rosa-kariert, 1,5 cm breit, 110 cm lang

1 Überziehe das Cakeboard mit beigefarbenem Rollfondant (siehe Cakeboard eindecken). Drücke das Metall-Lineal der Länge nach sechsmal in regelmäßigem Abstand in die weiche Paste. Drücke dann die schmale gerade Seite des Lineals senkrecht zwischen die vorhergehenden Linien, damit die Fläche wie ein Boden aus Holzbohlen aussieht. Lasse den Fondant mindestens 8 – 12 Stunden trocknen.

2 Miss für die Holzverkleidung der Truhe Höhe und Länge der Schmalseiten des Kuchens aus. Teile die Höhe durch drei, um die Breite der drei Holzplanken auf jeder Seite zu erhalten. Rolle eine große Fläche schokoladenbraunen Rollfondants 5 mm dick aus und schneide sechs Holzplanken in den passenden Maßen aus, jeweils etwa 13 x 3,7 cm groß. Präge mit dem Quilting Tool die Holzmaserung in jede Planke.

TIPP

Für diese Truhe backe ich einen quadratischen Kuchen mit 18 cm Seitenlänge, schneide davon einen etwa 4 cm breiten Streifen ab und lege dieses Stück am Ende an, um eine rechteckige Form zu erhalten. Dann schneide ich den Kuchen auf die richtige Größe zu.

3 Beginne auf beiden Seiten mit der untersten Planke. Befestige die sechs Planken mit etwas Lebensmittelkleber und verwende das Lineal, um einen kleinen Abstand zwischen den Planken einzuhalten und sie sauber am Kuchen anzubringen.

4 Miss die Länge der Truhe auf der Vorderseite aus, um die passenden Planken für Vorder- und Rückseite zuzuschneiden. Es sollten etwa 22 cm sein. Die Breite ist die gleiche wie bei den Schmalseiten, etwa 3,7 cm. Rolle erneut schokoladenbraunen Rollfondant aus, schneide die sechs größeren Planken aus und präge sie in Holzmaserung (siehe Schritt 2). Befestige sie auf Vorder- und Rückseite mit Lebensmittelkleber wie zuvor.

TIPP

Die Kaninchen können im Voraus gemacht werden. Wenn Du willst, kannst Du für weitere Projekte gleich ein paar mehr machen.

5 Miss für die Oberseite der Truhe die Weite. Gib 5 mm dazu (es soll ein Deckel sein) und teile das Maß durch drei. Es müssten etwa 5 cm sein. Die Länge sollte die gleiche sein wie für Vorder- und Rückseite, etwa 22 cm. Schneide die Planken aus, präge sie und befestige sie wie zuvor beschrieben.

6 Knete für den Körper des Hasen 135 g beigefarbene Modellierpaste weich. Rolle sie zu einer glatten, rissfreien Kugel und dann zu einem abgerundeten Kegel. Wenn die Paste zu weich ist und ihre Form nicht hält, knete etwas CMC unter (siehe Modellierpaste und CMC). Stecke ein Stück Spaghetti in den Körper, um damit den Kopf zu stützen und präge alle vier Seiten von oben nach unten mit dem Stichrädchen.

7 Für jedes Bein nimmst Du 35 g beigefarbener Paste. Rolle daraus jeweils einen Strang, drücke je ein Ende etwas zusammen und dann leicht flach. Umfahre jedes Bein mit dem Stichrädchen und befestige die Beine dann mit dem flachen Ende unter dem Körper mit etwas Lebensmittelkleber. Wiederhole das Ganze für die Arme mit jeweils 30 g Paste. Drücke je ein Ende spitz zusammen und befestige es mit Lebensmittelkleber an der Schulter.

8 Knete für den Kopf des Hasen etwa 35 g beigefarbener Paste weich, rolle sie zu einer glatten Kugel und dann in eine Eiform. Setze den Kopf beiseite, damit er leicht antrocknet – eventuell musst Du ihn nochmal nacharbeiten, wenn er fester ist und die Form besser hält. Präge die Front und die Seiten mit dem Stichrädchen. Befestige den Kopf, sobald er getrocknet ist, mit Lebensmittelkleber auf der Spaghetti und dem Körper. Achte darauf, dass die Spaghetti nicht oben aus dem Kopf herausragt.

9 Modelliere die Ohren aus zwei schmaler werdenden Strängen von je 20 g beigefarbener Paste, drücke die schmalen Enden leicht flach und präge die Längsseiten mit dem Stichrädchen. Klebe die Ohren an den Kopf. Rolle für die Augen zwei winzige Kugeln aus schwarzer Blütenpaste, modelliere aus brauner Blütenpaste ein kleines Dreieck für die Nase und zwei winzige Streifen für den Mund. Befestige alle Teile mit Lebensmittelkleber an ihrem Platz.

10 Rolle für das Buch etwa 80 g weiße Blütenpaste 2 mm dick aus und stich drei Seiten von je 7,5 x 8,5 cm aus. Vielleicht musst Du zwischendurch die Paste erneut ausrollen. Rolle die hellblaue Blütenpaste 2 mm dick aus und schneide ein Rechteck von 8 x 18 cm für den Einband aus. Falte den Einband zur Hälfte um und lege die drei Buchseiten dazwischen. Befestige alles mit etwas Lebensmittelkleber, falls nötig. Rolle ein murmelgroßes Stück gelber Blütenpaste dünn aus und stich einen Stern aus. Befestige ihn auf dem Bucheinband mit etwas Kleber.

11 Für den bunten Ring-Stapel-Turm rollst Du 70 g weiße Blütenpaste zu einer Kugel, drückst sie etwas flach und arbeitest sie mit dem Glätter nach. Rolle für die Ringe Kugeln aus folgenden Blütenpasten: 25 g rot, 20 g orange, 15 g gelb und 10 g grün. Stich mit dem runden 1 cm Ausstecher ein Loch in die Mitte des grünen Teiles. Drücke jeden Ring etwas flach und stapele sie in der gezeigten Reihenfolge aufeinander. Befestige sie mit etwas Lebensmittelkleber aufeinander. Rolle ein erbsengroßes Stück gelber Blütenpaste zu einem kurzen Strang und stecke es als Ende des Ringhalters in den grünen Ring.

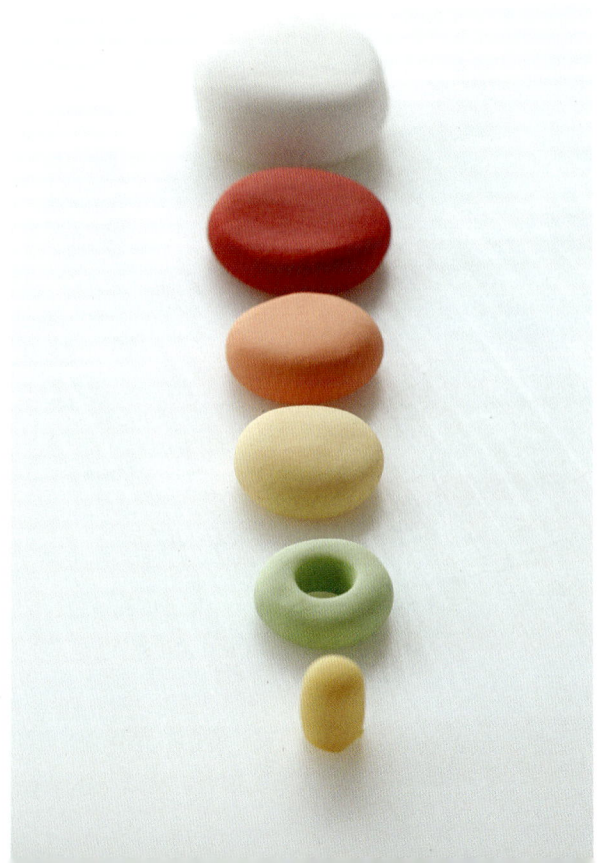

12 Für den Ball rollst Du je 60 g grüne und violette Blütenpaste zu einer Kugel. Schneide sie in zwei Hälften und dann in Viertel. Nimm je zwei Viertel von jeder Farbe und klebe sie mit Lebensmittelkleber so zusammen, dass die Farben sich abwechseln. Rolle eine kleine Kugel aus weißer Blütenpaste und verdecke damit den Spalt auf der Oberseite des Balles.

13 Rolle die rosafarbene Modellierpaste für den Buchstabenwürfel zu einer glatten Kugel und drücke sie dann mit zwei Glättern an den Seiten in eine quadratische Form. Drehe die Paste um und drücke nun die Ober- und Unterseite flach, bis Du einen Würfel hast. Rolle ein wenig von den restlichen farbigen Blütenpasten aus und stich mit den Ausstechern Buchstaben aus. Befestige sie an den Seiten des Würfels mit etwas Lebensmittelkleber.

14 Befestige den Kuchen mit etwas Royal Icing auf dem eingedeckten Cakeboard. Verteile die Spielzeuge auf und um den Kuchen und befestige sie mit Lebensmittelkleber. Wenn sie schon fest sind, dann nimm Royal Icing dafür.

TIPP

Stelle aus den restlichen Vierteln der beiden Pasten einen zweiten Ball her. Du kannst das Design auch so verändern, dass aus der geöffneten Truhe eine ganze Ladung Spielzeug herausquillt!

15 Bringe abschließend das karierte Band am Rand des Cakeboards an (siehe Band an Kuchen und Cakeboard befestigen).

Minikuchen mit Plastikente

Ich erinnere mich gern an meinen Sohn, wie er als Baby in der Badewanne mit seiner Plastikente spielte. Seine Begeisterung, sie immer wieder im Schaum unterzutauchen und wieder hochschießen zu sehen, brachte mich jedes Mal zum Lächeln. Ich habe mit sehr viel Freude diese Ente für den Minikuchen aus Modellierpaste nachgestellt.

Du benötigst

- Einen quadratischen Mini-Kuchen 7,5 cm hoch, aus zwei Lagen Kuchen (siehe Minikuchen), eingedeckt mit blauem Rollfondant (siehe Eindecken mit Rollfondant)

- Blütenpaste: weiß, orange, schwarz

- Ausstecher: Stern 4 cm

- Gelbe Modellierpaste (siehe Modellierpaste und CMC)

- Royal Icing (siehe Royal Icing)

- Kleines Stück Spaghetti

1 Stich mit dem Ausstecher vier Sterne aus dünn ausgerollter weißer Blütenpaste aus, einen für jede Seite des Würfels. Befestige die Sterne mit etwas Lebensmittelkleber am Kuchen.

2 Für den Entenkörper rollst Du eine große Kugel Modellierpaste glatt. Drücke ein Ende spitzzulaufend zusammen und ziehe es für den Schwanz leicht aufwärts. Stecke die Spaghetti dort in den Körper, wo der Kopf sitzen wird. Rolle für die Flügel zwei Kugeln aus gelber Paste. Forme sie zu langgezogenen Kegeln und drücke sie flach in eine Tropfenform. Präge die Spitzen der Flügel mit einem Messerrücken oder Pinselstiel und befestige sie dann an den Seiten des Körpers mit Lebensmittelkleber.

3 Dann rollst Du für den Kopf eine kleinere Kugel gelber Modellierpaste glatt. Stecke sie auf die Spaghetti und befestige sie mit etwas Lebensmittelkleber. Rolle für den Schnabel etwas orangefarbene Paste zu einer Kugel, dann zu einem Kegel und drücke die Spitze etwas flach. Ziehe die Spitze leicht nach oben und befestige das obere Teil des Schnabels am Kopf. Modelliere einen zweiten orangefarbenen Kegel, drücke ihn flach und befestige ihn unter dem ersten. Rolle für die Augen zwei sehr kleine Kugeln aus schwarzer Blütenpaste, drücke sie flach und befestige sie mit Lebensmittelkleber an ihrem Platz. Rolle zwei winzige Kugeln aus weißer Blütenpaste, drücke sie flach und bringe sie als Lichtpunkte auf den Augen an. Befestige die Ente mit Royal Icing auf dem Kuchen.

TIPP

Falls nötig, kannst Du den Schnabel noch an seinem Platz mit einem Pinsel oder Messerrücken etwas nacharbeiten.

Mitten im Garten

Diese hübsche Gartenszene mit den niedlichen Quilling-Blumen und Schmetterlingen wird jedes kleine Mädchen begeistern. Für Jungs kannst Du das Design gut abwandeln, indem Du ein paar Blumen durch Spinnen, Würmer oder Käfer ersetzt! Ich mag diese Technik sehr – sie lässt sich mit einem Streifenschneider sehr einfach umsetzen und ist mal etwas ganz anderes als die sonst übliche Applikationsmethode.

Du benötigst

MATERIAL

- Je einen runden Kuchen: 12,5 cm Durchmesser, 11,5 cm hoch und 20 cm Durchmesser, 12,5 cm hoch (siehe Kuchenrezepte) im Schachbrettmuster (optional) (siehe Überraschungskuchen), beide mit weißem Rollfondant eingedeckt (siehe Kuchen mit Rollfondant eindecken)

- Ein Cakeboard (Drum 12 mm), rund 28 cm, mit Rollfondant in blattgrün (foliage green, Sugarflair) mind. 24 h vorher eingedeckt (siehe Cakeboards eindecken)

- Blütenpaste: 400 g weiß, 20 g schwarz

- Farbpasten: violet (Wilton), pink (claret), rot (red extra), pfirsich (peach), hellblau (baby blue), violett (grape violet), gelb (egg yellow), hellgrün (gooseberry), dunkelgrün (Christmas green), blattgrün (foliage green) (alle von Sugarflair)

- ¼ Portion Royal Icing (siehe Royal Icing)

ZUBEHÖR

- Streifenschneider 5 mm (Nr. 2, JEM)

- Kleiner Spritzbeutel

- Satinband, grün, 1,5 cm breit, 90 cm lang

1 Färbe zuerst die Blütenpaste mit den Farbpasten ein (siehe Pasten einfärben). Du brauchst etwa 20 – 40 g Blütenpaste von jeder Farbe: 20 g für die kleineren Formen und 40 g für die großen Blüten bzw. die langen Blumenstiele. Verpacke die Paste nach dem Einfärben sofort in Frischhaltefolie oder Gefrierbeutel, um sie vor dem Austrocknen zu schützen.

Wenn Dein Kuchen genauso aussehen soll wie mein Vorschlag, dann verwende bitte folgende Farben:

- **Pinkfarbene Blume:** claret für die Blütenblätter und etwas dunkler für die Blumenmitte.

- **Rote Blume:** red extra für die Blütenblätter und peach mit einem Hauch red extra für die Mitte.

- **Blaue Blume:** baby blue für die Blütenblätter und baby blue gemischt mit grape violet für die Mitte.

- **Großer Schmetterling:** claret für den Körper und claret gemischt mit violet für die Flügel.

- **Kleiner Schmetterling:** peach für die Flügel und egg yellow gemischt mit etwas weißer Paste für den Körper.

- **Marienkäfer:** red extra für den Körper und schwarze Paste für den Kopf.

- **Raupe:** gooseberry.

- **Bienen:** egg yellow für den Körper und gemischt mit ganz wenig weißer Paste für die Flügel.

- **Quilling-Blumenstiele und -Blätter:** Christmas green.

- **Gerollte Farnwedel und Stiele:** foliage green.

- **Fransenblüte:** violet für die Blüte und gemischt mit einem Hauch claret für die Blütenmitte.

TIPP

Ich habe hier sehr viele Farben verwendet. Du kannst die Farbauswahl aber auch nach Deinem Geschmack verkleinern, um so den Aufwand zu verringern.

---

2 Für die meisten Formen startest Du mit einer aufgerollten Spirale. Rolle dafür die Blütenpaste dünn aus und schneide mit dem Streifenschneider 18 cm lange Streifen mit einer einheitlichen Breite von 5 mm aus.

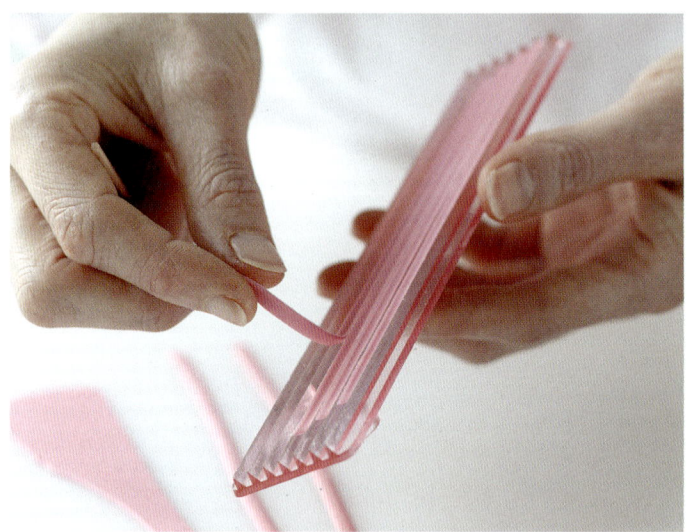

3 Wickele das Ende eines Streifens um einen Zahnstocher und rolle den Streifen dann bis zum Ende weiter auf. Lege diese Rolle auf Deine Arbeitsfläche. Du kannst sie eng aufgerollt lassen oder lockern, indem Du den Zahnstocher nach außen durch die Wicklung ziehst. Die Größe der Spirale hängt von der Wicklung und der Länge des Streifens ab.

4 Für jede pinkfarbene Blume benötigst Du für die Blütenblätter fünf enge Spiralen aus je 12 cm langen Streifen in claret, und einen etwas dunkleren 10 cm langen Streifen für die Mitte. Wenn Du die Spiralen zusammensetzt, achte darauf, dass das Streifenende zur Mitte, zum Stiel oder im Innern einer Blüte liegt, damit es sauber aussieht. Das Design wiederholt sich auf der Rückseite des Kuchens, deshalb benötigst Du die entsprechende Anzahl gewickelter Spiralen für zwei Blumen. Lege sie dann beiseite und bedecke sie mit einer Schutzmatte. Sie können ein bisschen antrocknen, aber am besten bleibt die Unterseite leicht feucht.

5 Die roten Blumen sind etwas größer, nimm dafür sechs Spiralen aus je 15 cm langen Streifen in red extra für die Blütenblätter. Lockere die Wicklung etwas mit dem Zahnstocher und drücke die letzte Wicklung der Spirale dann leicht spitz zusammen, um eine Tropfenform zu erhalten. Für die Mitte rollst Du einen 8 cm langen Streifen in peach / red extra Paste zu einer einfachen Spirale auf. Sie wird beim Zusammensetzen dann auf den Blütenblättern angebracht. Wiederhole das Ganze für eine zweite Blume.

6 Für die blaue Blume rollst Du für die Blütenblätter fünf Spiralen aus je 15 cm langen Streifen in baby blue Blütenpaste. Drücke die letzte Wicklung der Spirale spitz zusammen. Schneide für die Blumenmitte einen Streifen von 0,7 x 7 cm aus baby blue Blütenpaste von Hand aus und rolle ihn zu einer Spirale auf. Sie wird beim Zusammensetzen der Blume in der Mitte befestigt. Stelle eine zweite blaue Blume in der gleichen Weise her.

7 Verwende die gleiche gewickelte Spirale und die Tropfenform für die Schmetterlinge, Raupen, Marienkäfer und Bienen. Halte Dich dabei an die Fotos und die vorgegebenen Farben in Schritt 1. Achte darauf, die Länge der Streifen entsprechend anzupassen – für kleine Formen sind sie kürzer, für große Formen entsprechend länger.

8 Die Blätter stellst Du in der gleichen Weise her, nimm dafür 17 cm lange Streifen in Christmas green und wickele sie auf. Drücke jetzt die äußere Wicklung auf zwei Seiten für die typische Blattform spitz zusammen.

9 Rolle für die Fransenblume Blütenpaste in violet dünn aus und schneide für die Blütenblätter einen 1,5 cm breiten und 10 cm langen Streifen von Hand aus. Schneide ihn mit einem Skalpell über die ganze Länge ein – die Schnitte im Abstand von 1 – 2 mm und über ¾ der Breite des Streifens. Schneide für die Blumenmitte aus Blütenpaste in violet / claret einen 7 cm langen Streifen mit dem Streifenschneider aus und befestige ihn mit Kleber an einem Ende des gefransten Streifens. Rolle nun alles wie zuvor auf und beginne dabei mit dem schmalen Streifen für die Mitte. Streiche ein wenig Kleber auf den Rand des Fransenstreifens und wickele alles bis zum Ende auf. Du hast dann drei gefranste Wicklungen um die Blumenmitte. Schneide das Ende sauber ab und öffne die Blütenblätter vorsichtig einzeln mit einem Zahnstocher. Lasse die Blume dann trocknen.

11 Lasse alles leicht antrocknen. Wenn die Stiele fest genug sind und ihre Form halten, trage etwas Kleber auf eine Kante des Streifens auf und bringe sie am Kuchen an. Achte darauf, dass Du den Kleber nicht auf dem Kuchen verschmierst. Beachte, wie viel Platz die Blumen benötigen und kürze die Stiele entsprechend auf unterschiedliche Längen. Bringe Blätter und Farnwedel an den Stielen an, um sie so zusätzlich zu stützen.

10 Stelle die Stiele aus Streifen von Blütenpaste in foliage green oder Christmas green her. Lasse sie entweder gerade oder rolle sie an den Enden leicht auf. Verfahre genauso mit den Farnwedeln und den Fühlern. Verwende dabei kürzere Streifen in den Farben Deiner Wahl.

12 Wenn Du alle Stiele angebracht hast, befestige die Blüten mit Lebensmittelkleber. Sollte der Kleber sie nicht fest genug halten, dann nimm etwas Royal Icing zum Ankleben, besonders für die Fransenblume. Befestige dann alle Käfer und Schmetterlinge in der gleichen Weise.

13 Rolle für das Gras Blütenpaste in Christmas green aus und schneide ausgefranste Streifen von 1,5 cm Breite aus. Befestige sie zwischen den Stielen am Kuchen und schneide sie dabei auf die jeweils passende Länge zu. Biege sie mit einem Pinselstiel oder Zahnstocher in Form, um so einen 3D-Effekt zu erzielen.

14 Fülle etwas Royal Icing in einen kleinen Spitzbeutel und verschließe damit die Spalte zwischen dem oberen und unteren Kuchen. Streiche das Icing mit einem feuchten Pinsel sauber glatt.

15 Befestige abschließend das grüne Band am Rand des Cakeboards.

Zusatzprojekt

Dekoriere Minikuchen (siehe Minikuchen) in der gleichen Technik mit hübschen Blumen, Käfern und Schmetterlingen – perfekte Naschereien für eine Gartenparty!

Cookies für die Gartenparty

Diese grandiosen Kekse passen hervorragend zu einem sommerlichen Picknick oder Kaffeekränzchen. Für den Schmetterling, den Marienkäfer und die Blume habe ich Ausstecher verwendet, für die Biene eine Vorlage entworfen. Sei kreativ und entwerfe eigene Formen, um die Runde zu ergänzen!

Du benötigst

- Vanille Cookies mit passenden Ausstechern als Schmetterling, Marienkäfer und Blume ausgestochen; die Form der Biene nach der Vorlage ausgeschnitten (siehe Vorlagen)

- Royal Icing (siehe Royal Icing)

- Lebensmittelfarbpaste: rot, schwarz, gelb, pink, violett

- Kleine und große Spritzbeutel

- Spritztüllen Nr. 1

1 Färbe zuerst das Royal Icing ein. Du benötigst für jede Farbe zwei Spritzbeutel. Einen kleinen für die Umrandung (soft-peak Icing) und einen großen zum Füllen der Fläche (dünnflüssiges Icing), beide jeweils mit einer Tülle Nr. 1 bestückt.

MARIENKÄFER

Spritze den Rand der Flügel mit rotem Royal Icing nach, und dann den Rand des Kopfes und die Spalte zwischen den Flügeln mit schwarzem Royal Icing (siehe Kekse mit Royal Icing überziehen). Fülle die Fläche des Kopfes und der Spalte mit schwarzem Icing. Lasse es etwa 10 Minuten trocknen und fülle dann die Flügel mit rotem Icing. Lege den Marienkäfer zum Trocknen beiseite.

BIENE

Umrande und fülle die Flächen der Biene in derselben Technik mit gelbem Royal Icing für den Körper. Lasse es 10 Minuten trocknen und überziehe die Flügel dann mit weißem Icing.

SCHMETTERLING

Umrande und fülle zuerst die Flügel mit violettem Royal Icing. Lasse es etwas trocknen und spritze dann einen großen Punkt für den Kopf und einen Tropfen für den Körper in sehr weichem pinkfarbenen Icing auf. Lege den Keks zum Trocknen beiseite.

BLUME

Umrande und fülle die Fläche der ganzen Blume mit Royal Icing in hellem Pink und lasse es trocknen.

2 Spritze auf die getrockneten Kekse dann die geschwungenen spiralförmigen Muster auf, wie auf dem Foto gezeigt (siehe Spritzen mit Royal Icing).

Die Prinzessin auf der Erbse

Ob beeinflusst von Märchen oder den Figuren von Disney: jedes Mädchen will mindestens einmal eine Prinzessinnen-Party haben. Als kleines Mädchen war meine Lieblingsmärchen "Die Prinzessin auf der Erbse". Beim Umsetzen dieses Mottos hatte ich sehr viel Spaß – nicht nur mit der Dekoration, sondern auch mit den "Erbsen" im Innern! Die Wimpel-Dekoration ist ganz leicht nachzuarbeiten und gibt dem Ganzen einen Hauch Nostalgie.

Du benötigst

MATERIAL

- Einen runden Kuchen, 18 cm Durchmesser, 12 cm hoch (siehe Kuchenrezepte) mit Erbsenmuster (optional) (siehe Überraschungskuchen), eingedeckt mit rosafarbenem Rollfondant (siehe Kuchen mit Rollfondant eindecken)

- Ein rundes Cakeboard (Drum 12 mm), 23 cm Durchmesser, mindestens 12 Std. vorher mit weißem Rollfondant eingedeckt

- Blütenpaste: 60 g dunkelrosa, 25 g weiß, 15 g grau

- Glanzpulver: rosa, silber

- 35 g erbsengrüner Rollfondant, verknetet mit 0,75 ml CMC (siehe Modellierpaste und CMC)

ZUBEHÖR

- Bordürenausstecher mit quadratischen Zinnen (oder kleiner quadratischer Ausstecher)

- Vorlagen für Rahmen und Krone (siehe Vorlagen)

- Ausstecher Herz 1 cm

- Zwei grün-weiß getupfte Papier-Strohhalme

- Je 30 cm Bindfaden in weiß und pink

- Satinband: 45 cm in hellrosa, 1 cm breit, für die Schleifen; 90 cm in rosa, 1,5 cm breit, für das Cakeboard plus weitere 15 cm für die Wimpel; 15 cm in grün, 1,5 cm breit und 7,5 cm in dunkelgrün, 1,5 cm breit für die Wimpel

1 Rolle ¾ der dunkelrosafarbenen Blütenpaste zu einem langen, 2 cm dicken Strang. Rolle diesen mit einem Rollstab zu einem flachen Streifen aus, etwa 4 cm breit und 60 cm lang. Stich mit dem Bordürenausstecher die Zinnenform über die gesamte Länge des Streifens aus. Alternativ kannst Du eine Seite gerade schneiden und die Zinnen in gleich großen Abständen mit einem kleinen quadratischen Ausstecher herstellen.

2 Schneide die andere Seite der Borte mit einem langen scharfen Messer parallel zu den Zinnen gerade ab. Bepudere den Streifen mit rosafarbenem Glanzpulver und einer Puderbürste und befestige ihn dann am unteren Rand des Kuchens mit Lebensmittelkleber. Schneide die überschüssige Paste sauber ab.

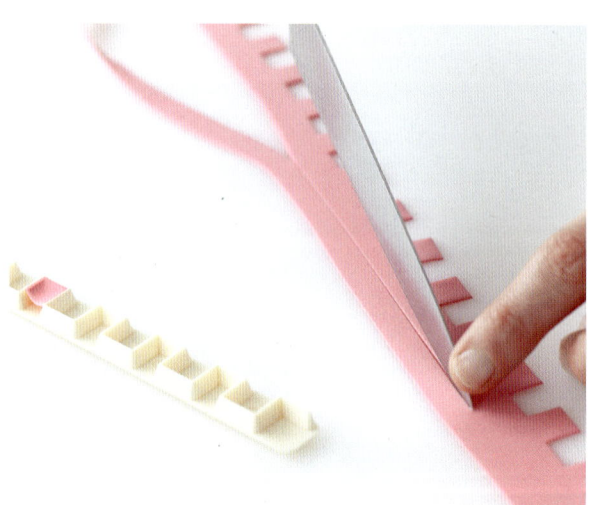

3 Rolle die weiße Blütenpaste etwa 1 – 2 mm dick aus und schneide mit Hilfe der Vorlage (siehe Vorlagen) den Rahmen sorgfältig aus. Lege ihn beiseite. Rolle die restliche rosafarbene Blütenpaste etwa gleich dick aus und bepudere sie mit rosafarbenem Glanzpulver. Klebe den weißen Rahmen mit ein wenig Lebensmittelkleber auf die rosafarbene Fläche und schneide einen rundherum etwa 2 mm breiteren Rahmen in Rosa aus. Lege ihn zur Seite.

4 Rolle die graue Blütenpaste dünn aus, schneide die Krone mit Hilfe der Vorlage aus und bepudere sie mit silbernem Glanzpulver. Stich mit dem Ausstecher ein Herz aus der Krone aus und befestige sie dann mit Lebensmittelkleber in der Mitte des Rahmens. Rolle aus grauer Blütenpaste fünf winzige Kugeln in Deiner Handfläche, eine davon etwas größer als der Rest, und bringe sie, mit der größten Kugel in der Mitte, auf den Spitzen der Krone an. Befestige den Rahmen dann vorsichtig auf der Vorderseite des Kuchens, leicht oberhalb der Mitte.

5 Rolle grüne Modellierpaste in Deiner Handfläche zu kleinen erbsengroßen Kugeln. Achte darauf, dass die Paste glatt und elastisch ist, damit sich keine Risse bilden. Verteile und befestige 10 Erbsen willkürlich am unteren Rand des Kuchens und weitere 15 – 20 oben auf dem Kuchen, wie auf dem Foto zu sehen.

6 Befestige die Bindfäden für die Wimpel mit einem Knoten am oberen Ende der Strohhalme. Schneide aus den 1,5 cm breiten grünen und rosafarbenen Bändern je zwei 7,5 cm lange Streifen aus und einen aus dem dunkelgrünen Band. Schneide aus jedem Stück ein "V" heraus. Befestige am geraden Ende jedes Streifens ein Stück doppelseitiges Klebeband und falte dieses Ende dann um den Bindfaden. Beginne dabei mit dem mittleren, dunkelgrünen Streifen und arbeite nach außen, damit die Wimpel gleiche Abstände haben. Binde eine kleine Satinschleife oben um jeden Strohhalm, um die Knoten zu verdecken.

7 Stecke die Strohhalme oben in den Kuchen, um die Wimpel an ihren Platz zu bringen. Befestige zum Schluss rosafarbenes Satinband am Rand des Cakeboards (siehe Band an Kuchen und Cakeboard befestigen).

Zusatzprojekt

Kleine Prinzessinnen begeistern sich für Kronen, wenn Du sie auf einfachen, runden Cookie-Pops anbringst, die Du vorher mit Rollfonfant überziehst!

TIPP

Zeige Dein Können, indem Du grüne Kugeln (Erbsen) in den Kuchen einarbeitest und damit Deine Gäste wirklich in Staunen versetzt (siehe Überraschungskuchen).

Die Ritter der Tafelrunde

Ritter in glänzender Rüstung, die zur Rettung der wunderschönen Prinzessin erscheinen, sind eine perfekte Abwandlung des Motivs für Jungs oder eine tolle Kombination mit dem Hauptprojekt (wenn das Mädchen es wünscht). Du kannst dafür ganz einfach die Techniken des Hauptprojektes verwenden, die Farben entsprechend ändern und die Seiten des Kuchens im Mauerwerk-Muster prägen, um zusätzliche Details und realistisches Aussehen einzubringen.

Du benötigst

- Einen runden Kuchen, 12,5 cm Durchmesser, 11,5 cm hoch im Schachbrettmuster frisch eingedeckt mit grauem Rollfondant,

- Prägematte Mauerwerk

- Bordürenausstecher mit Zinnenmuster (oder kleiner quadratischer Ausstecher)

- Vorlage Wappen (siehe Vorlagen)

- Blütenpaste: dunkelgrau, grau, rot, schwarz

- Wimpel-Dekoration aus hölzernen Cocktailspießen und 1 cm breitem Band in rot und schwarz (siehe Schritt 6, die Prinzessin auf der Erbse)

- Ausstecher Zahlen

1 Drücke die Prägematte mit dem Mauerwerk-Muster vorsichtig in den weichen Rollfondant. Arbeite zuerst um den unteren Rand des Kuchens, dann um den oberen. Halte den Kuchen mit Glättern am Platz, falls nötig.

2 Ziehe mit einem Pinselstiel Linien nach, die beim Prägen ausgelassen wurden.

3 Rolle die dunkelgraue Blütenpaste zu einem Streifen von mindestens 40 cm Länge und 4 cm Breite und stich eine Seite mit dem Bordürenausstecher in Zinnenform aus (siehe Schritt 1, Die Prinzessin auf der Erbse). Lasse den Streifen etwas trocknen und fest werden, bevor Du ihn mit Lebensmittelkleber am oberen Rand des Kuchens befestigst. Achte darauf, dass die Quadrate senkrecht stehen und nicht umknicken.

4 Schneide das Wappen mit Hilfe der Vorlage mit einem scharfen Messer aus. Dazu schneidest Du sowohl ein Wappen aus roter wie auch aus schwarzer Blütenpaste aus und halbierst sie sowohl waagrecht wie auch senkrecht. Baue das Wappen dann aus je zwei Vierteln beider Farben wieder zusammen. Stich die passende Zahl für das Alter aus grauer Blütenpaste aus und klebe sie mit etwas Lebensmittelkleber mittig auf das Wappen.

5 Rolle die restliche dunkelgraue Blütenpaste aus und befestige das Wappen mit etwas Lebensmittelkleber darauf. Schneide die Form mit einem kleinen Rand sauber nach. Bringe das Wappen dann auf der Vorderseite des Kuchens an. Stecke zum Schluss die Strohhalme oben in den Kuchen, um die Wimpel an ihren Platz zu bringen.

Zusatzprojekt

Dekoriere Minikuchen (siehe Minikuchen) in der gleichen Art und Weise zur Freude Deiner kleinen Ritter! Verziere die Kuchen dabei auf der Oberseite einfach mit Wappen und Helmen nach den Vorlagen (siehe Vorlagen).

Surf's Up

Dieser tropisch anmutende Kuchen richtet sich an trendige Teenager oder coole Jungs, die am liebsten Wellen jagen oder mal so auf dem Board abhängen. Das Farbschema spiegelt heiße Sommertage wider und wird mit dem echten "Sandkuchen" Deinen Gästen zur Grillparty ganz sicher ein "Wow" entlocken.

Du benötigst

MATERIAL

- Zwei quadratische Schokoladen- oder Rührkuchen, 28 cm Seitenlänge, etwa 4 cm hoch (siehe Kuchenrezepte)

- Eine Portion Buttercreme oder Ganache

- Marmelade (optional)

- Sirup (optional)

- 1,2 kg weißer Rollfondant

- Lebensmittelfarbsprays: rot, gelb, orange

- Blütenpaste: 10 g weiß, 35 g grau, 20 g dunkelgrau

- Eine Packung helle Butterkekse, zerbröselt

ZUBEHÖR

- Surfbrett-Vorlage (siehe Vorlagen)

- Zwei Bögen Papier, DIN A4, mit Klebeband zusammengeklebt

- Schablone Hibiskus (The Creative Cookie Company)

- Zwei Cakeboards, 50 x 35,5 cm, mit Royal Icing aufeinander geklebt

- Ausstecher, rund: 6 mm, 1,2 cm)

- Satinband, hellgoldfarben, 1,5 cm breit und 3,50 m lang

1 Schneide von beiden Kuchen dünn die Kruste am Boden ab und begradige die Oberseite. Schneide mit Hilfe der Vorlage das Surfbrett in zwei Teilen aus einem Kuchen aus. Wiederhole dies für die zweite Lage aus dem zweiten Kuchen.

2 Setze das Surfbrett aus zwei Teilen auf dem Cakeboard zusammen, bestreiche es nach Wahl mit Buttercreme, Ganache oder Marmelade und lege die beiden anderen Teile obendrauf. Der Kuchen ist jetzt ein 3D-Surfbrett.

3 Runde die obere Kante des Surfbretts rundherum ab, lasse die Spitze dabei aber möglichst spitz.

4 Überziehe den Kuchen dünn mit Buttercreme oder Ganache und stelle ihn zum Festwerden 20 Minuten kalt.

5 Rolle den weißen Rollfondant 4 mm dick aus und decke den Kuchen damit ein (siehe Kuchen mit Rollfondant eindecken). Streiche den Fondant mit den Händen (und einem Glätter, falls nötig) an den Kanten und Seiten glatt und schneide überschüssigen Fondant mit einem Messer ab.

6 Lege das zusammengeklebte Papier auf den Kuchen, um eine Schablone für das geschwungene Muster herzustellen. Zeichne eine Linie von unten rechts geschwungen bis links oben neben der Spitze (siehe Foto für den Verlauf). Schneide das Papier an dieser Linie durch. Das Papier muss länger sein als der Kuchen. Falls erforderlich, verlängere oder kürze es entsprechend.

7 Lege das Papier flach auf den Kuchen und achte darauf, dass es nicht verrutscht. Du kannst es vorsichtig mit Nadeln befestigen. Sprühe die rote Sprayfarbe auf, sprühe dabei intensiv an der Schnittkante entlang und zur Seite hin etwas schwächer werdend. Entferne das Papier vorsichtig, ohne die Farbe zu verwischen, und lasse alles gut trocknen.

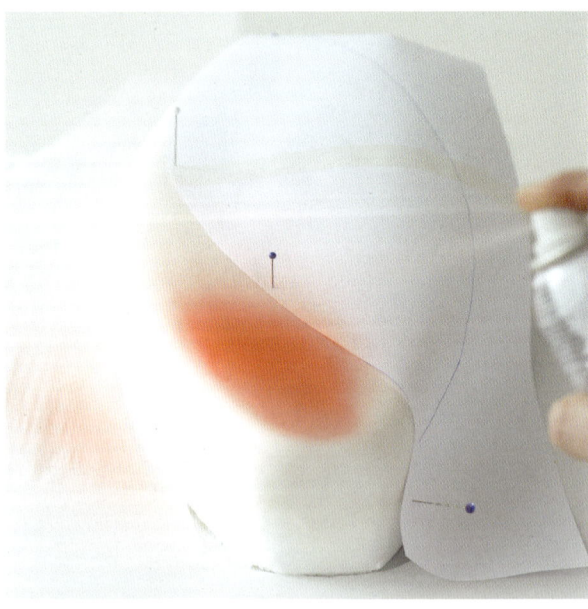

8 Lege die Hibiskus-Schablone auf den Kuchen, oberhalb der Linie, etwa in der Mitte. Decke den Bereich um die Schablone herum mit Back- oder Wachspapier ab und befestige es mit Stecknadeln. Sprühe die Blüte mit den Farbsprays, die Staubgefäße in Gelb, und die Mitte der Blüte in Orange. Die äußeren Ränder übersprühst Du in Rot. Entferne die Schablone dann vorsichtig.

Rechteck von etwa 2 x 1,5 cm aus. Rolle es der Länge nach auf, klebe die Seiten mit etwas Lebensmittelkleber zusammen und lege es beiseite. Rolle die restliche graue Blütenpaste zu einer langen, schmalen Form aus, etwa 2 mm dick, und schneide für den Gurt ein Rechteck von 7 x 1,5 cm aus. Lege die Enden überlappend zusammen und befestige sie mit Lebensmittelkleber aneinander.

12 Rolle aus dunkelgrauer Blütenpaste einen Strang, 1 – 2 mm dick und 5 cm lang. Halbiere den Strang und befestige ein Ende beider Stranghälften mit Lebensmittelkleber in der Öffnung im Board, die anderen beiden Enden in dem aufgerollten grauen Rechteck. Befestige die graue Rolle auf dem Surfbrett. Rolle aus der restlichen dunkelgrauen Blütenpaste einen etwas dickeren Strang, etwa 15 cm lang. Schneide beide Enden sauber ab und befestige ein Ende in der aufgerollten grauen Paste und das andere Ende am Gurt. Lege die Leine in einer Schlaufe auf den Kuchen. Der Gurt kann auf dem Sand neben dem Brett liegen.

9 Stich für die Halterung der Leine den Rollfondant mit dem kleinen Ausstecher aus. Rolle weiße Blütenpaste dünn aus. Stich mit dem größeren runden Ausstecher eine Scheibe aus und entferne die Mitte mit dem kleineren Ausstecher. Befestige diesen Ring auf dem Loch im Rollfondant.

10 Für den Sand rund um das Board zerbröselst Du die Kuchenreste und vermischst sie mit Buttercreme oder Ganache, um so die Fläche aufzufüllen. Die Masse sollte bis zu einer Höhe von etwa 2 cm unter den Rand des Surfboards reichen. Wenn die Fläche hoch genug gefüllt ist, streue die Kekskrümel als feinen Sand darüber.

11 Rolle für die Leine etwa ein Viertel der grauen Blütenpaste 1 mm dick aus und schneide ein

13 Befestige abschließend das Satinband an den Rändern der Cakeboards.

Sand und Surf Cupcakes

Diese lustigen kleinen Cupcakes passen prima zu einem Picknick am Strand. Surfbretter aus Blütenpaste liegen auf verführerischen Cupcakes, die mit Kekskrümel-"Sand" bestreut wurden. Dekoriere die Surfbretter mit Sprayfarbe mit hübschen Mustern im ultimativen Surf-Look.

Du benötigst

- Cupcakes (siehe Cupcakes backen) in weißen Papierförmchen, mit frischgespritzten beigefarbenen Buttercremehauben (verwende eine große Stern-Tülle)

- Zerbröselte Butterkekse

- Weiße Blütenpaste

- Vorlage Surfbrett (siehe Vorlagen)

- Lebensmittelfarbsprays

- Schablonen (optional)

1 Streue die Kekskrümel auf die frischen Buttercremehauben.

2 Rolle die weiße Blütenpaste etwa 2 mm dick aus. Schneide mit Hilfe der Vorlagen Surfbretter aus und lege sie zum vollständigen Trocknen auf eine flache Unterlage.

3 Für die Herstellung der bunten Designs rollst Du etwas mehr weiße Blütenpaste aus. Modelliere daraus gerade und geschwungene Linien, stich Kreise und andere Formen nach Wahl aus. Lege sie auf die trockenen und festen Surfbretter und sprühe Farbsprays darüber. Du kannst hier nach Belieben in einer oder mehreren Farben (Farbverlauf) arbeiten.

4 Du kannst auch eine kleinere Hibiskus-Schablone oder jede andere passende kleine Schablone verwenden (siehe Schritt 8, Surf's Up).

Glitzernde Spiegelkugel

Dieses verblüffende Design mit den gelenkigen Tänzern, den glitzernden Noten und einer atemberaubenden Spiegelkugel beeindruckt Disko-Ladys jeden Alters! Essbarer Glitzer und Blattsilber lassen den Kuchen wirklich glänzen und leuchten. Die Kugelform ist sehr vielseitig und kann ganz leicht an andere Designs angepasst werden, z. B. einen Fußball oder einen Globus.

Du benötigst

MATERIAL

- 280 g Kuchenteig (siehe Kuchenrezepte)

- 350 g Buttercreme oder Ganache

- Einen runden Kuchen (siehe Kuchenrezepte), 18 cm Durchmesser, 10 cm hoch, eingedeckt mit schwarzem Rollfondant (siehe Kuchen mit Rollfondant eindecken) und mit drei hohlen Kuchenstützen abgestützt (siehe mehrstöckige Kuchen zusammensetzen)

- 1 kg grauen Rollfondant

- Runde Cakeboards (Drums 12 mm): 10 cm, 13 cm und 23 cm, mit schwarzem Rollfondant eingedeckt (siehe Cakeboards eindecken)

- 60 ml Royal Icing mit schwarzer Lebensmittelfarbpaste eingefärbt (siehe Royal Icing)

- Blütenpaste: 100 g schwarz, 75 g grau

- 20 Blätter essbares Blattsilber

- Essbaren silbernen Glitzer

ZUBEHÖR

- Backform: Kugel oder zwei Halbkugeln, 15 cm Durchmesser (Silverwood)

- Runde Backform, 18 cm Durchmesser, mit Backpapier ausgelegt (siehe Backformen vorbereiten)

- Zwei runde Leichtschaumplatten, 5 mm dick: eine mit 15 cm Durchmesser, die zweite mit 5 cm Durchmesser

- Drei lange Strohhalme oder Kuchenstützen (siehe mehrstöckige Kuchen zusammensetzen)

- Langer Cocktailspieß

- Ausstecher: Disko-Tänzer, Noten (Patchwork Cutters)

- Scriber (optional)

- Schwarzes Band, 1,5 cm breit, 1 m lang

1 Damit der Kugelkuchen wirklich perfekt wird, backe ich gern drei einzelne Lagen. Die Kuchen gehen dann gut auf und backen schnell und gleichmäßig durch. Fette die Kugel- oder Halbkugelform gut mit Butter ein und stelle sie auf ein Backblech. Wenn sie ein Loch für den Dampfabzug haben, lege ein kleines Stück Backpapier darauf. Verteile den Teig gleichmäßig auf die zwei Halbkugeln und die runde 18 cm Backform. Backe die Kuchen etwa 20 – 25 Minuten oder bis sie durchgebacken sind. Lasse sie abkühlen, verpacke sie in Frischhaltefolie und stelle sie ein paar Stunden kalt.

TIPP

Damit die Kugel-Backformen aufrecht stehen, zerknüllst Du etwas Aluminiumfolie und legst sie als Ring um die Formen auf das Backblech.

---

2 Schneide die Oberseiten der kuppelförmigen Kuchen glatt. Schneide mit Hilfe der 15 cm Leichtschaumplatte eine Scheibe aus dem runden 18 cm Kuchen. Entferne die Kruste an seinem Boden und schneide die Oberseite glatt und gerade. Setze alle Teile zu einer Kugel zusammen. Es macht nichts, wenn die Kugel etwas flach aussieht, denn durch die Füllung und die Platten wird sie höher.

3 Befestige die Platte mit 5 cm Durchmesser mit Buttercreme oder Ganache mittig auf der Unterseite der einen Halbkugel. Drehe den Kuchen um und stecke drei Strohhalme oder Kuchenstützen (gekürzt auf die Höhe des Kuchens) in die Mitte. Achte darauf, dass sie auf die 5 cm Platte darunter treffen.

4 Verteile dann etwas Buttercreme oder Ganache auf dem Kuchen und lege die 15 cm Platte darauf. Eventuell musst Du sie etwas zurechtschneiden, damit sie genau den Durchmesser des Kuchens hat. Streiche etwas Füllung auf die Platte und lege die mittlere Lage Kuchen darauf.

5 Streiche wieder Füllung auf den Kuchen und lege die zweite Halbkugel darauf, um die Kugel zu vervollständigen. Korrigiere den Kuchen rundherum mit einem Wellenschliffmesser, bis Du eine schöne runde Kugelform hast.

6 Stelle den Kuchen auf den Kopf und überziehe das untere Teil mit Buttercreme oder
Ganache, bis hin zur kleinen Platte.

9 Ziehe mit einem Messer eine waagrechte Linie um die
Mitte des Kuchens. Befestige die Rollfondant-Quadrate
am Kuchen und beginne damit entlang der gezogenen
Linie – sie sollten von selbst haften. Falls nicht, streiche
etwas Sirup auf. Lege eine zweite Reihe Quadrate unter
die erste und arbeite dann rundherum bis zum unteren Rand des Kuchens hinunter. Nimm ein Messer zu
Hilfe, um die unteren Teile am Kuchen anzubringen.

7 Stelle den Kuchen dann wieder aufrecht und stecke
einen langen Cocktailspieß von oben hinein. Damit kannst
Du den Kuchen besser halten, während Du die obere
Hälfte überziehst. Wenn der ganze Kuchen überzogen
ist, stelle ihn zum Festwerden in den Kühlschrank. Wenn
Du mit dem Überzug nicht zufrieden bist, oder er sehr
uneben ist, dann trage eine zweite Schicht auf. Streiche
ihn mit einem heißen Palettenmesser glatt, falls nötig.

8 Knete eine kleine Menge CMC unter den grauen
Rollfondant, falls er sehr weich ist (siehe Modellierpaste
und CMC). Rolle den gesamten Rollfondant dann
4 mm dick aus. Schneide ihn waagrecht und senkrecht je im Abstand von 1 cm mehrfach durch, um so
kleine Quadrate von 1 cm Seitenlänge zu erhalten.

10 Sobald Du die untere Hälfte des Kuchens mit Quadraten bedeckt hast, fahre mit der oberen Hälfte fort. Beginne auch hier an der Mittellinie und arbeite dich rundherum nach oben. Dort angekommen, entferne den Spieß und lege ein Quadrat genau oben in die Mitte. Schneide Quadrate zurecht, damit sie genau in den oberen Kreis passen.

11 Befestige das eingedeckte 10 cm Cakeboard mit schwarzem Royal Icing auf dem 13 cm Cakeboard. Rolle etwa die Hälfte der schwarzen Blütenpaste zu einem Streifen aus, 40 cm lang und mindestens 4 cm breit. Schneide daraus zwei Streifen von 1,5 cm Breite aus. Befestige sie mit Kleber um die Ränder der Cakeboards und schneide sie auf korrekte Länge zu.

14 Bestreiche den Rollfondant mit etwas Wasser, damit er leicht klebrig wird. Lege das Transferblatt auf den Kuchen. Drücke das Blattsilber leicht mit einem weichen Pinsel an und entferne dann das Trägerpapier.

12 Befestige den schwarzen, eingedeckten Kuchen von 18 cm Durchmesser mit Royal Icing auf dem 23 cm Cakeboard. Rolle die restliche Blütenpaste zu einem Streifen von 55 x 1,5 cm aus und befestige den Streifen mit Kleber rund um den unteren Rand des 18 cm Kuchens.

13 Befestige den kugelförmigen Kuchen mit Royal Icing auf dem 10 cm Cakeboard und lasse alles fest werden.

15 Wenn das Blattsilber aufgetragen ist, ziehe es mit einem feinen Pinsel vorsichtig zwischen die Quadrate, um den Effekt einzelner "Spiegel" zu erhalten. Verkleide die ganze Kugel mit Blattsilber und überlappe die Blätter leicht, damit es keine Spalten gibt. Du kannst die Transferblätter auch für kleinere Flächen zerschneiden, statt größere Flächen zu überlappen. Die untere Seite der Kugel ist etwas knifflig – nimm hier größere Stücke und arbeite zur Mitte hin nach oben. Da der Kuchen rund ist, wird das Blattsilber nicht perfekt glatt sitzen, sondern ein bisschen Falten schlagen und auch reißen. Verdecke diese Risse am Ende mit kleinen Stücken und bringe sie mit etwas Lebensmittelkleber an.

17 Lege die getrockneten Noten und Tänzer auf ein Stück Wachspapier, bestreiche sie mit Lebensmittelkleber und streue silbernen Glitzer darüber. Wenn alles gut getrocknet ist, schüttele den überschüssigen Glitzer vorsichtig ab.

18 Wenn die Kuchen fertig zusammengesetzt sind, befestige die Tänzer mit Royal Icing am unteren Kuchen und die Noten rund um das 13 cm Cakeboard.

19 Befestige zum Schluss schwarzes Band um den Rand des untersten Cakeboards (siehe Band an Kuchen und Cakeboard befestigen).

TIPP

Falls Du kein Blattsilber verwenden möchtest, kannst Du den Kuchen auch mit essbarem silbernen Farbspray besprühen oder mit Farbglanzpulver bemalen. Du erhältst dann aber nicht den gleichen Spiegel-Effekt.

Zusatzprojekt

Backe ein paar einfache Kekse (siehe Kekse backen) in Sternform und dekoriere sie mit essbarem silbernen Glitzer wie zuvor beschrieben!

16 Rolle graue Blütenpaste dünn aus und stich mit den Ausstechern diverse Noten und die beiden Tänzer aus. Nimm einen Scriber oder Zahnstocher zu Hilfe, um die Paste aus den Noten-Ausstechern zu lösen. Lege sie zum Trocknen beiseite.

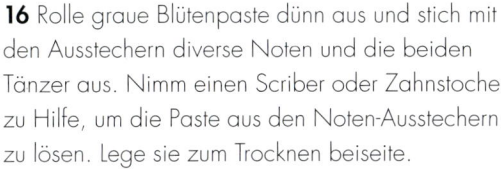

Glitzernde Spiegelkugel | 57

Funkelnde Disco - Kugeln

Ich habe kürzlich kuppelförmige Halbkugeln aus Schaumstoff entdeckt, mit denen man perfekte Kuppeln aus Rollfondant herstellen kann, unabhängig von der Höhe der Cupcakes darunter – genial! Dadurch sehen diese glitzernden Disco-Kugeln wirklich professionell aus und werden mit den einfachen bunten Lichtern die Disco-Clique der Schule in Erstaunen versetzen.

Du benötigst

- Cupcakes in schwarzen oder silbernen Folienförmchen (siehe Cupcakes backen)

- Schwarzen Rollfondant, mit einer kleinen Menge CMC verknetet, falls der Fondant zu weich ist (siehe Modellierpaste und CMC)

- Kuppelförmige Cupcake-Formen aus Schaumstoff (Purple Cupcakes)

- Blütenpaste: türkis, orange, rot, violett, grau

- Runde Ausstecher: 9 cm, 1,5 cm

- Lebensmittellack

- Spritztülle und Spritzbeutel

- Buttercreme

- Blattsilber

DISCO-LAMPE

1 Rolle den schwarzen Rollfondant etwa 4 mm dick aus und stich Scheiben von 9 cm Durchmesser aus. Lege sie über die kuppelförmigen Schaumstoffformen. Lasse sie ein paar Stunden trocknen, bis sie die Form halten.

2 Rolle die farbige Blütenpaste 2 mm dick getrennt aus und stich mit dem 1,5 cm Ausstecher Scheiben aus. Streiche die Ränder glatt, befestige sie mit Kleber auf den schwarzen Kuppeln und bemale sie dünn mit Lebensmittellack. Lasse sie kurz trocken und trage dann einen zweiten Überzug auf.

3 Spritze eine Buttercremehaube auf den Cupcake. Stülpe die getrockneten Fondantkuppeln darüber.

SPIEGEL-KUGEL

1 Schneide Quadrate aus grauer Blütenpaste aus und überziehe sie mit Blattsilber. Entferne alle Überschüsse (siehe Schritte 8 – 9, 14 – 15, Glitzernde Disco-Kugel).

PAINTBALL PARTY

Nach einem harten Paintball-Tag werden Teenager gern mit einem passenden trendigen Kuchen feiern. Das Camouflage - Muster im Inneren und Äußeren des Kuchens wird sicherlich beeindrucken und die Topsy-Turvy-Form passt genau dazu. Viel Spaß beim Auftragen der Farbkleckse im Graffiti-Stil. Mal sehen, ob Du das Ziel triffst!

DU BENÖTIGST

MATERIAL

- Zwei runde Kuchen: einmal 20 cm Durchmesser und 13 cm hoch, sowie einmal13 cm Durchmesser und 11,5 cm hoch mit coolem Camouflage-Muster, gefüllt mit Buttercreme / Ganache und gekühlt

- 500 g Buttercreme oder Ganache zusätzlich

- Rollfondant: 1 kg hellgrün, je 200 g grün, braun und schwarz, 700 g weiß

- Farbpulver: leuchtendes Pink, leuchtendes Gelb

- Klarer Alkohol oder Zitronenextrakt

- Cakeboard rund, 28 cm Durchmesser, eingedeckt mit braunem Rollfondant

- ½ Portion Royal Icing (siehe Royal Icing)

- Blütenpaste: je 50 g weiß, gelb, leuchtend-pink und 100 g schwarz

- Lebensmittelfarbpaste: blattgrün (foliage green), schwarz (black) (Sugarflair)

EQUIPMENT

- Hardboards oder Kuchenpappen: 20 cm, 13 cm, 10 cm (optional)

- Leichtschaumplatten, 5 mm dick: 15 cm und 9,5 cm rund

- Ausstecher Blumen

- Schneiderädchen

- Spritztülle mit mehreren Öffnungen, Grastülle (Nr. 234, Wilton)

- Spritzbeutel

- Ausstecher rund: 10 cm (optional), 7,5 cm, 7 cm, 6 cm, 4,5 cm, 3 cm

- Zahlenausstecher Tappit (FMM)

- Schwarzes Band, 1,5 cm breit, 100 cm lang

- Schwarzer Lebensmittelfarbstift

1 Um die Topsy-Turvy-Form herzustellen, schneidest Du von dem 20 cm Kuchen oben eine schräge Scheibe ab. Wenn Du sorgfältig arbeitest und das Stück mit einem sauberen Schnitt durchtrennst, müsstest Du es stürzen können. Dann legst Du die dickste Stelle auf den höchsten Punkt des Kuchens. Befestige es mit einer dünnen Schicht Buttercreme. Den Winkel der Schrägen kannst Du frei wählen. Meine Kuchen gestalte ich so, dass der höchste Punkt gerade über 13 cm liegt und der niedrigste bei 7,5 cm. Lege ein Hardboard mit 20 cm Durchmesser darauf und stelle den Kuchen auf den Kopf.

TIPP

Wenn Du Dir einen sauberen Schnitt nicht zutraust oder der Kuchen stark krümelt, schneide kleine Stücke ab, bis Du eine ansprechende Form erzielst. Dein Kuchen verliert dadurch etwas an Höhe, aber das ist kein Problem. Backe einfach einen höheren Kuchen.

2 Befestige die 15 cm Leichtschaumplatte mit Buttercreme oben mittig auf dem Kuchen. Schneide jetzt die Seiten des Kuchens vom oberen Board zum 20 cm Board unten in kleinen Stücken weg, um saubere, gerade Seiten zu erhalten (siehe Kuchen schnitzen). Achte darauf, dass Dein Messer immer gerade nach außen gerichtet ist – ich halte mein Messer immer senkrecht.

Die schräge Form weckt Interesse und ist lustig, aber Du kannst den Kuchen natürlich auch einfach rund oder quadratisch herstellen, wenn Du magst. Oder Du wählst eines der beiden Designs aus und backst nur einen einstöckigen Kuchen.

5 Für das Camouflage-Muster im Fondant rollst Du zuerst den Rollfondant in grün, braun und schwarz getrennt 2 – 3 mm dick aus. Stich mit den Blumenausstechern Teile aus den Pasten aus und verändere die Formen dann, indem Du sie willkürlich mit dem Schneidrädchen durchschneidest. Lege die Teile unter eine Schutzmatte, um sie vor dem Austrocknen zu schützen.

6 Rolle den hellgrünen Rollfondant etwa 5 mm dick aus. Verteile die farbigen ausgestochenen Teile zügig über den Fondant und decke die Paste dort ab, wo Du sie nicht bearbeitest. Rolle die farbigen Teile mit einem großen Rollstab in den hellgrünen Fondant, bis alles eine Gesamtstärke von etwa 3 – 4 mm hat.

3 Drehe den Kuchen um und lege eine Platte mit 10 cm Durchmesser oben drauf. Markiere ihre Größe mit einem kleinen Schnitt rundherum. Schneide jetzt vorsichtig eine gerade Mulde in diese Mitte, um den oberen Kuchen später hineinzustellen. Schneide diese Mulde nicht in die niedrigere Seite der Schräge, sie sollte in der Höhe am Rand der Markierung genau auf die schräge Oberfläche auftreffen. Wenn Du mit der Form zufrieden bist, überziehst Du den Kuchen mit Buttercreme und stellst ihn kalt.

4 Wiederhole die Schritte 1 – 3 für den oberen, 13 cm großen Kuchen. Nimm dazu eine Platte mit 9,5 cm Durchmesser für die kleinere Bodenfläche. Gut geeignet sind Kuchen mit einem höchsten Punkt von 11,5 cm und einem niedrigsten Punkt von 7,5 cm.

7 Decke den 20 cm Kuchen mit dem Camouflage-Rollfondant ein. Achte dabei besonders auf den oberen Rand, wo sich gern Risse bilden. Streiche den Fondant mit leicht gewölbten Handflächen vorsichtig von unten nach oben an den Kuchen und streiche die Paste mit den Fingern an der runden Kante glatt.

8 Glätte den Fondant und entferne Überschüsse. Drücke mit zwei Glättern den oberen Rand vorsichtig zu einer schärferen Kante. Arbeite rund um den Kuchen und streiche die Seiten und die Oberseite immer wieder glatt.

11 Bevor Du die Kuchen stapelst, musst Du den oberen Kuchen mit den Farbklecksen dekorieren. Mische das pinkfarbene Farbpulver mit Alkohol oder Zitronenextrakt, bis es spritzfähig, aber nicht zu wässrig ist. Tauche einen flachen Pinsel in die Farbe, halte ihn dicht vor den Kuchen, ziehe die Borsten mit den Fingern zurück und lasse los! Wiederhole das noch ein- bis zweimal an derselben Stelle, damit die Farbe besser sichtbar ist. Tupfe dann vorsichtig über die Mitte des Kleckses, damit es nach einem geplatzten Farbbeutel aussieht. Wiederhole dies rund um den Kuchen, so oft Du magst, und fahre dann mit der gelben Farbe in der gleichen Weise fort. Lasse den Kuchen etwa 30 Minuten trocknen.

9 Wiederhole die Schritte 7–8 und decke den oberen Kuchen mit weißem Rollfondant ein. Stelle beide Kuchen ein paar Stunden beiseite, damit der Fondant etwas antrocknen kann.

10 Hebe den kleineren Kuchen vorsichtig hoch und prüfe, ob er in die Mulde des unteren Kuchens passt. Entferne notfalls mit einem scharfen Messer etwas Fondant vom Rand der Mulde. Stütze nun den unteren Kuchen ab.

Übe die Farbspritzer zuerst auf einem
Stück Papier, bevor Du mit dem
Kuchen anfängst, damit Du die richtige
Konsistenz und Technik einsetzt.

12 Stelle den unteren Kuchen in die Mitte des Cakeboards.
Befestige den oberen Kuchen mit Royal Icing auf dem unteren und achte darauf, dass die höchste Stelle des oberen
Kuchens über der niedrigsten des unteren platziert ist.

13 Rolle murmelgroße Kugeln aus gelber, rosafarbener
und schwarzer Blütenpaste und befestige sie in willkürlicher Reihenfolge mit Lebensmittelkleber am unteren Rand
des oberen Kuchens. Du brauchst etwa 12 Kugeln von
jeder Farbe. Bemale die Kugeln dann mit Farbpulver,
gemischt mit Alkohol, wie unter Schritt 11 beschrieben.

14 Stecke die Grastülle in einen Spritzbeutel und fülle ihn
mit grün gefärbtem Royal Icing. Spritze Grasbüschel um den
unteren Rand des unteren Kuchens. Drücke dazu einfach
eine kleine Menge Icing durch die Tülle und ziehe sie weg.

15 Rolle für die Zielscheibe 20 g schwarze Blüenpaste
3 – 4 mm dick aus. Stich eine Scheibe mit dem 4,5
cm Ausstecher aus. Stecke einen Zahnstocher bis etwa
zu einem Drittel in die Scheibe. Rolle weitere schwarze
Blütenpaste etwa 2 mm dick aus und stich zwei Scheiben mit dem 7,5 cm Ausstecher aus. Rolle die weiße
Blütenpaste dünn aus und stich eine Scheibe mit 7 cm
Durchmesser aus. Lege alles zum Trocknen beiseite.

16 Zeichne mit dem schwarzen Lebensmittelfarbstift die Zielscheibe auf die weiße Scheibe. Zeichne das Kreuz mit Hilfe
eines Lineals ein und spritze dann pinkfarbene Kleckse auf eine
Seite der Scheibe (siehe Schritt 11). Rolle etwas schwarze
Blütenpaste dünn aus und stich die Zahl mit dem Ausstecher
aus. Befestige sie mit Kleber in der Mitte der Zielscheibe.

17 Befestige alle Teile des Toppers mit schwarzem
Royal Icing aufeinander und lege ihn zum Trocknen
beiseite. Rolle aus gelber Blütenpaste eine Kugel, klebe
sie mit Lebensmittelkleber mittig auf den oberen Kuchen
und stecke den Topper mit dem Zahnstocher hinein.

18 Bringe zum Schluss schwarzes Band am Rand des Cakeboards an (siehe Band an Kuchen und Cakeboard befestigen).

CAMOUFLAGE-CUPCAKES UND -COOKIES

Wenn Du nicht genug Zeit für den zweistöckigen Kuchen hast, kannst Du das Motiv genauso gut mit diesen grünbraun eingedeckten Keksen und der Multicolor Buttercreme darstellen – der Hingucker jeder Teenagerparty. Die Cremehauben der Cupcakes können selbstverständlich auch in jeder anderen Farbe gearbeitet werden – versuch's mal mit rot, gelb und blau für eine Superhelden-Party!

DU BENÖTIGST

FÜR DIE CUPCAKES

- Cupcakes (siehe Cupcakes backen) in weißen oder schwarzen Papierförmchen in coolem Camouflage-Muster (optional) (siehe Überraschungskuchen)

- Buttercreme: hellgrün, dunkelgrün, schokobraun

- Spritzbeutel: drei mittelgroße, ein große mit einer großen Stern-Tülle (z. B. Wilton 1M)

FÜR DIE COOKIES

- Quadratische Schokoladenkekse, 10 cm (siehe Kekse backen)

- Royal Icing: hellgrün zum Füllen der Fläche; dunkelgrün, braun und schwarz für das Muster (siehe Royal Icing)

- Vier Spritzbeutel: eine davon mit Tülle Nr. 1 (optional)

2 Verschließe und verdrehe den Spritzbeutel wie gewohnt. Mache einen Test, wenn es gut aussieht, dann spritze auf jeden Cupcake eine große Cremespirale.

COOKIES

1 Fülle einen Spritzbeutel mit hellgrünem soft-peak Royal Icing und spritze einen Rand rund um jeden Keks. Verdünne das Icing und fülle damit die Fläche aus.

2 Fülle dunkelgrünes, braunes und schwarzes Royal Icing in getrennte Spritzbeutel. Spritze nacheinander kleine "Kleckse" der drei Farben auf das noch feuchte hellgrüne Icing. Lasse sie dann trocknen.

CUPCAKES

1 Fülle die mittelgroßen Spritzbeutel mit den drei verschiedenfarbigen Cremes für die mehrfarbigen Cremehauben. Spritze die Farben dann nacheinander auf je eine Seite des großen Spritzbeutels. Spritze sie dabei so weit hinunter wie möglich, ohne die Cremes miteinander zu vermischen.

GANZ GROSSER AUFTRITT

Kinder lieben Partys mit dem Thema Zirkus! Dekoriere alles in leuchtenden fröhlichen Farben mit Luftballons, lade die Gäste ein, Tier- oder Clownskostüme zu tragen und sich das Gesicht zu bemalen oder engagiere einen Clown – und es wird eine Superfete! Das Zirkuszelt auf seiner farbenfrohen und stabilen Plattform ist ganz leicht herzustellen und wird die Attraktion des Tages sein!

DU BENÖTIGST

MATERIAL

- Runde Kuchen (siehe Kuchenrezepte): 15 cm Durchmesser, 7,5 cm hoch und 15 cm Durchmesser, 13 cm hoch, beide im Regenbogenmuster (optional) (siehe Überraschungskuchen), auf einem 5 mm Hardboard oder einer Tortenpappe, schichtweise gefüllt mit Buttercreme oder Ganache, und gekühlt (siehe Schichten, Füllen und Vorbereiten)

- Runder Kuchen, 20 cm Durchmesser, 7,5 cm hoch, die Seiten weiß, die Oberseite blau eingedeckt und abgestützt (siehe mehrstöckige Kuchen zusammensetzen)

- 200 g Buttercreme oder Ganache zusätzlich

- 1 kg weißer Rollfondant

- Blütenpaste: 35 g schwarz, je 200 g rot, gelb und weiß, 50 g grün, 25 g blau

- Cakeboard (Drum 12 mm), rund, 25 cm Durchmesser, mit weißem Rollfondant eingedeckt (siehe Cakeboards mit Rollfondant eindecken)

ZUBEHÖR

- Vorlage aus Hardboard, Pappe oder Papier, rund, 13 cm Durchmesser

- Vorlagen: Eingang, Streifen für die Seite, Streifen für das Dach, Flagge (siehe Vorlagen)

- Drei Strohhalme oder Kuchenstützen

- Bordürenausstecher Bogen (scallop strip, JEM)

- Ausstecher Stern: 2,5 cm, 1,5 cm

- Ausstecher rund, 1 cm

- Satinband, grün, 1,5 cm breit, 1 m lang

1 Zum Schnitzen des Zirkuszeltes steckst Du einen Zahnstocher in die obere Mitte des Kuchens (15 cm Durchmesser, 7,5 cm hoch). Schneide nun den Kuchen rundherum vom Zahnstocher bis zum unteren Rand ab, um einen breiten Kegel mit glatten, schrägen Seiten zu erhalten (siehe Kuchen schnitzen). Stelle ihn zum Festwerden in den Kühlschrank.

TIPP

Überziehe den Kegel mit Ganache, um eine saubere, scharfe Form mit glatter Oberfläche zu bekommen.

---

2 Lege die runde Vorlage mit 13 cm Durchmesser oben auf den 13 cm hohen Kuchen. Schneide den Kuchen vom Rand der Vorlage rundherum bis zum unteren Rand des Kuchens weg und stelle so die leicht schrägen Seiten des Zeltes her (siehe auch Foto zu Schritt 1, Cupcake XXL). Decke beide Kuchen mit Buttercreme oder Ganache ein und stelle sie kalt.

3 Rolle 450 g weißen Rollfondant aus und decke damit den Kegel ein (siehe Kuchen mit Rollfondant eindecken). Streiche den Kegel rundherum mit dem Glätter sauber glatt. Umfahre dann den unteren Rand des Kuchens mit dem senkrecht gehaltenen Glätter und stelle so eine 4 mm breite Kante am unteren Rand her. Lasse den Fondant dann antrocknen.

4 Decke den unteren Teil des Zeltes mit dem restlichen Rollfondant ein. Lasse ihn etwa 1 Stunde antrocknen. Lege die Vorlage für den Eingang auf den Kuchen und schneide den Fondant danach aus.

5 Rolle die schwarze Blütenpaste 2 mm dick aus und schneide mit derselben Vorlage den dunklen Hintergrund des Eingangs aus. Streiche die Paste am Kuchen mit den Fingern oder mit einem kleinen Pastenrest glatt.

6 Rolle 30 g rote Blütenpaste dünn aus und schneide die Form mit derselben, ggfs. angepassten Vorlage aus. Schneide die Form senkrecht in der Mitte durch und lasse die Paste etwa 5 Minuten antrocknen, damit Du sie leichter bearbeiten kannst. Streiche ein wenig Lebensmittelkleber auf die äußere Seite eines der beiden Dreiecke und die entsprechende Kante des Eingangs am Kuchen und befestige das rote Dreieck vorsichtig. Ziehe die innere Ecke vorsichtig nach außen – am besten hältst Du sie mit einem Messerrücken etwa 30 Sekunden in Position, bis die Paste in Form bleibt. Wiederhole das Ganze für die zweite Hälfte des Eingangs.

9 Schneide mit Hilfe der Vorlage für das Dach sechs Streifen aus roter Blütenpaste für das Zeltdach aus. Befestige sie mit Lebensmittelkleber gleichmäßig verteilt auf dem kegelförmigen Kuchen und schneide überschüssige Paste sauber ab.

10 Befestige den 20 cm Kuchen mit etwas Royal Icing auf dem Cakeboard und setze das Zelt zusammen. Stütze den unteren Teil des Zeltes dazu mit drei Strohhalmen oder Kuchenstützen ab. Befestige die Kuchen mit Royal Icing aufeinander.

11 Fülle für die Borte am unteren Rand des Zeltdaches zuerst die Lücken zwischen den roten Streifen, damit die Borte flach aufliegt. Schneide dazu einfach kleine schmale Streifen aus weißer Blütenpaste und befestige sie in passender Größe mit Lebensmittelkleber zwischen den roten Streifen.

7 Danach rollst Du etwa die Hälfte der restlichen roten Blütenpaste dünn aus. Schneide mit Hilfe der Vorlage neun vollständige Seitenstreifen für das Zelt aus. Passe sie Deinem Kuchen in der Größe an, falls erforderlich. Befestige einen Streifen mit Lebensmittelkleber auf der Rückseite des Kuchens und schneide ihn oben und unten sauber ab.

8 Schneide einen weiteren Seitenstreifen aus roter Blütenpaste für die Verkleidung des Eingangs aus. Schneide die Tür mit Hilfe der Vorlage aus dem Streifen aus. Befestige ihn dann mit Kleber neben den Türhälften. Klebe dann jeweils vier Streifen gleichmäßig verteilt in die beiden Zwischenräume zwischen dem Eingang und dem Streifen auf der Rückseite.

12 Rolle 30 g gelbe Blütenpaste zu einem Streifen von 55 cm Länge aus und stich mit dem Bordürenausstecher eine Bogen-Borte aus. Schneide die zweite Seite des Streifens in etwa 1,5 cm Abstand parallel zur Bogenkante mit einem scharfen Messer sauber und gerade ab. Aus der restlichen gelben Paste rollst Du eine murmelgroße Kugel und befestigst sie mit Kleber auf der Spitze des Dachs.

13 Die wehende Flagge schneidest Du aus etwa 15 g blauer, dünn ausgerollter Blütenpaste mit Hilfe der Vorlage aus. Streiche etwas Lebensmittelkleber auf das gerade Ende der Flagge und wickele sie damit um einen Zahnstocher. Lasse sie gut trocknen. Stecke die Flagge dann in die gelbe Kugel auf dem Dach.

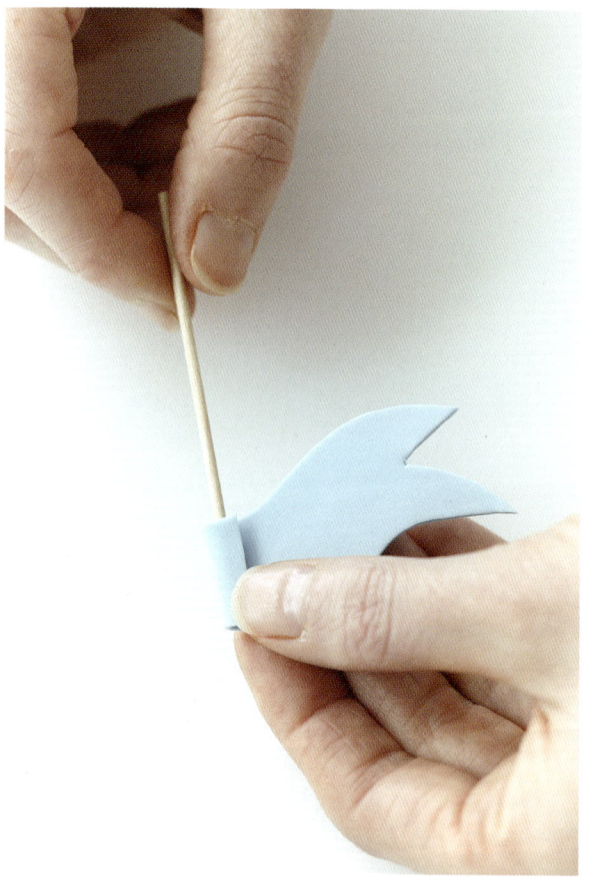

TIPP

Schneide die Dreiecke ein bisschen größer zu als benötigt und schneide sie beim Anbringen an den Kuchen auf genaue Größe zurecht, damit sie wirklich exakt passen.

14 Miss für die Dekoration des unteren Kuchens zuerst seinen Umfang – er sollte etwa 67 – 70 cm sein. Teile den Umfang durch acht, um so die untere Seitenlänge der Dreiecke zu ermitteln. Die mittlere Höhe der Dreiecke entspricht der Höhe Deines Kuchens. Stelle mit diesen Maßen eine passende Vorlage für ein Dreieck her.

15 Rolle gelbe und weiße Blütenpaste getrennt dünn aus. Schneide mit Hilfe der Vorlage aus jeder Farbe je acht Dreiecke aus. Befestige sie rund um den unteren Kuchen – die gelben mit der Spitze nach oben, die weißen mit der Spitze nach unten. Stich mit dem kleineren Stern-Ausstecher einen Stern aus der restlichen weißen Paste aus und befestige ihn über dem Eingang des Zeltes.

16 Etwas mehr als die Hälfte der grünen Blütenpaste rollst Du dünn aus. Dann stich daraus mit dem großen Stern-Ausstecher einen Stern für jedes weiße Dreieck aus. Befestige die Sterne mit Lebensmittelkleber. Rolle etwas rote Blütenpaste aus, stich mit dem runden Ausstecher einen Kreis für jedes gelbe Dreieck aus und klebe sie ebenfalls an.

17 Rolle für die Luftballons je 15 g blaue, gelbe und grüne Blütenpaste zu Kugeln und forme sie zu einer Tropfenform. Bringe zuerst den gelben Ballon mit Kleber am Kuchen an. Stecke einen Zahnstocher durch ihn hindurch, um den grünen Ballon zu bestigen. Klebe dann den blauen Ballon auf den gelben Ballon und am Kuchen fest. Klebe danach den grünen Ballon zuletzt auf den Zahnstocher.

18 Rolle aus blauer, gelber und grüner Blütenpaste je eine kleine Kugel. Forme sie zu Kegeln mit flachen Böden und bringe sie mit Lebensmittelkleber an den spitzen Enden der Ballons an. Rolle aus weißer Blütenpaste drei sehr dünne Stränge. Befestige je ein Ende an den Ballons und die anderen Enden am Eingang, damit es aussieht, als kämen sie aus dem Zelt heraus. Nimm ein Messer, um sie sauber abzuschneiden und einen Pinsel, um alles am richtigen Platz anzubringen.

19 Befestige abschließend das grüne Band um den Rand des Cakeboards.

TIPP

Achte darauf, dass alle Zahnstocher vor dem Verzehr entfernt werden.

VERRÜCKTE-CLOWN-CUPCAKES

Deine Kinder lachen garantiert über diese lustigen Cupcakes mit den Clown-Gesichtern! Du findest hier die Anleitung für zwei Designs, aber vielleicht hast Du ja Spaß daran, noch weiter zu experimentieren? Verändere die Accessoires und verwende andere leuchtende Farben und Du erhältst wahrhaft individuelle Cupcakes.

DU BENÖTIGST

- Cupcakes (siehe Cupcakes backen) in bunten Folienförmchen, eingedeckt mit hautfarbenem Rollfondant (siehe Cupcakes mit Rollfondant eindecken)

- Blütenpaste: grün, weiß, gelb, pink, blau, violett, rot, schwarz

- Runde Ausstecher: 1,5 cm, 3 cm, 3,5 cm

- Schneiderädchen (optional)

- Ausstecher Herz 1,5 cm

- Ausstecher Blume, fünfblättrig, 4 cm

CLOWN MIT GRÜNEM HUT

1 Stich für den Hut eine Scheibe aus 4 mm dicker grüner Blütenpaste mit dem 3,5 cm Ausstecher aus und forme sie zu einem Oval. Rolle für den Hutrand einen Strang von 5 x 0,5 cm. Schneide ein kleines Segment unten am Hut-Oval ab und bringe den Hutrand dort an. Stütze den Hut mit einem Zahnstocher ab, bis der Kleber trocken ist.

2 Für die Augen stichst Du zwei Scheiben von 1,5 cm Durchmesser aus dünn ausgerollter weißer Blütenpaste aus. Ziehe sie leicht in eine ovale Form und entferne unten ein kleines Stück. Modelliere aus schwarzer Blütenpaste acht winzige Tropfen und klebe sie auf die Augen.

3 Den Mund stichst Du mit dem 3,5 cm Ausstecher aus dünn ausgerollter weißer Blütenpaste aus. Entferne mit demselben Ausstecher den oberen Teil. Schneide die beiden Ecken rund. Forme aus roter Blütenpaste einen kleinen gebogenen Strang, der an den Enden spitz zuläuft und flacher wird. Präge mit dem 3,5 cm Ausstecher ein Lächeln hinein und ziehe die Prägung mit einem schwarzen Lebensmittelfarbstift nach.

4 Die Nase ist eine erbsengroße Kugel aus roter Blütenpaste und zwei kleine, flache Kugeln aus pinkfarbener Blütenpaste bilden die Wangen. Das Haar besteht aus 3 mm dicker gelber Blütenpaste. Befestige alle Teile mit Kleber.

CLOWN MIT GELBEN HUT

1 Schneide ein Dreieck von 3,5 x 3 cm aus gelber 3mm dicker Blütenpaste aus und befestige es als Hut auf dem Cupcake.

2 Stelle die weißen Flächen für Augen und Mund sowie die Nase wie zuvor beschrieben her. Rolle zwei winzige dünne Stränge aus schwarzer Blütenpaste und bringe sie auf den Augen an. Stich mit dem runden 1,5 cm Ausstecher zwei kleine Halbmonde aus blauer Blütenpaste aus und befestige sie als Augenbrauen mit Lebensmittelkleber.

3 Stich für die Lippen ein Herz aus 2 mm dicker roter Blütenpaste aus. Rolle für die Mundwinkel zwei winzige rote Kugeln und zeichne einen Bogen mit dem schwarzen Lebensmittelfarbstift auf. Das Haar wird von erbsengroßen Kugeln in unterschiedlichen Farben gebildet.

Cupcake XXL

Riesige Cupcakes machen viel Spaß und sind ganz einfach herzustellen –
sowohl für Kinderpartys als auch für Erwachsene! Ich decke den oberen Teil
mit Rollfondant ein und forme ihn wie eine Cremehaube, aber Du kannst hier
natürlich auch Buttercreme aufspritzen oder mit einem Palettenmesser auftragen.
Mit buntem Streudekor sieht jede der Varianten beeindruckend aus.

Du benötigst

MATERIAL

- Zwei runde Kuchen (siehe Kuchenrezepte)
  18 cm Durchmesser, 4,5 cm hoch: einen für
  den unteren Teil, einen für die Haube. Beide
  schichtweise mit Buttercreme oder Ganache
  gefüllt (siehe Schichten, Füllen und Vorbereiten)

- 350 g Buttercreme oder Ganache
  zum Überziehen der Kuchen

- Rollfondant: 700 g puderblau (blau mit einem
  Hauch violett gemischt), 500 g weiß

- ¼ Portion Royal Icing (siehe Royal Icing)

- Blütenpaste: 10 g pink, 10 g etwas
  dunkleres pink, 20 g sehr helles pink

- Weißes Perlglanzpulver

- Cakeboard (Drum 12 mm) rund, 25
  cm, mit altrosa Rollfondant eingedeckt
  (siehe Cakeboards eindecken)

ZUBEHÖR

- Hardboards oder Tortenpappen, 5 mm dick,
  rund, 18 cm und 15 cm Durchmesser

- Drei Kuchenstützen oder lange Strohhalme
  (siehe mehrstöckige Kuchen zusammensetzen)

- Ausstecher: Herz 5 cm

- Kleiner Spritzbeutel

- Satinband, altrosa, 1,5 cm breit, 1 m lang

1 Schneide zuerst den unteren Teil des Cupcakes in Form. Lege einen Kuchen auf das 18 cm Board und befestige das 15 cm Board mit Buttercreme oder Ganache mittig oben auf dem Kuchen. Schneide nun vorsichtig die Seite vom oberen Rand des Boards hinunter zum unteren Rand des Kuchens schräg zu (siehe Kuchen schnitzen). Achte darauf, dass Dein Messer immer nach außen gerichtet ist, damit Du nicht zuviel abschneidest. Wenn Du einmal rundherum gearbeitet hast, bringe alles noch in eine glatte und saubere Form - halte das Messer dabei senkrecht.

2 Überziehe den Kuchen mit Buttercreme oder Ganache. Nimm das 18 cm Board weg und stelle ihn auf eine flache Platte oder Aluminiumscheibe, bevor Du ihn zum Festwerden etwa 20 Minuten in den Kühlschrank stellst. Wenn der Kuchen stark bröselt, überziehst Du ihn am besten ein zweites Mal, damit die Oberfläche glatt und sauber wird.

3 Schnitze als nächstes die Haube des Cupcakes. Lege den zweiten Kuchen auf das 18 cm Board und schneide mit dem Messer eine kleine Markierung oben in die Mitte. Schnitze eine spitze, kuppelartige Form, ausgehend von der oberen Markierung bis zum unteren Rand des 18 cm Kuchens.

4 Wenn Du eine hübsche, gleichmäßige Form hast, zeichne mit einem Messer oder Lebensmittelfarbstift eine Spirale von der oberen Mitte rundherum bis zum unteren Rand ein. Schnitze diese Spirale jetzt mit einem kleinen scharfen Messer nach. Forme den Kuchen auch mit den Händen – drücke die Vertiefungen mit den Fingern ein und streiche die Krümel weg.

5 Überziehe den Kuchen dünn mit Buttercreme oder Ganache und stelle ihn 20 Minuten in den Kühlschrank.

6 Stelle den unteren Teil des Cupcakes auf ein Stück Wachspapier oder Backpapier, das 15 cm Board immer noch obendrauf. Decke den Kuchen mit puderblauem Rollfondant ein. Schneide den Fondant oben vorsichtig weg, um das Board freizulegen.

7 Präge die Seiten des Kuchens mit der geraden Seite des Glätters. Drücke ihn rundherum in den weichen Rollfondant. Stelle den Kuchen dann beiseite.

8 Decke den Kuchen mit weißem Rollfondant ein und streiche die Paste mit den Händen glatt.

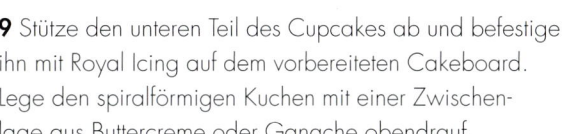

> TIPP
>
> Nimm zum besseren Glätten ein kleines Stück Rollfondant, das Du mit Bäckerstärke einpuderst.

9 Stütze den unteren Teil des Cupcakes ab und befestige ihn mit Royal Icing auf dem vorbereiteten Cakeboard. Lege den spiralförmigen Kuchen mit einer Zwischenlage aus Buttercreme oder Ganache obendrauf.

10 Rolle die pinkfarbene Blütenpaste 3 mm dick aus und stich den Herz-Topper aus. Lasse ihn trocknen. Rolle aus der dunkleren Paste einen langen, dünnen Strang und schneide ihn für das Streudekor in 1 cm lange Stücke. Rolle aus der hellen pinkfarbenen Paste murmelgroße Kugeln für die Zuckerkugeln. Bepudere alles mit Perlglanzpulver.

11 Fülle einen kleinen Spritzbeutel mit Royal Icing und befestige damit den Herz-Topper und die Dekoration auf dem Cupcake und dem Board. Befestige abschließend das altrosafarbene Band am Rand des Cakeboards.

Süße Cupcake-Cookies

Diese pastellfarbenen Cookies sind die perfekte Nascherei! Die Tapete auf dem Foto des Cupcakes XXL hat mich zu diesen Cookies inspiriert und ich habe ein paar Varianten davon entworfen. Versuche einfach mal, die Farbkombinationen zu verändern, verwende gekaufte Streudekore und Zuckerkugeln oder stelle Deine eigene Dekoration her!

Du benötigst

- Vanille-Cookies in Cupcake-Form
- Royal Icing (siehe Royal Icing)
- Lebensmittelfarbpaste: pink (claret), blau, violett
- Große und kleine Spritzbeutel

- Spritztülle Nr. 1
- Streuzucker-Herzen in weiß und pink
- Pinkfarbene Mimosenkugeln
- Pinkfarbene Zuckerkugeln

---

1 Färbe zuerst das Royal Icing ein. Du benötigst für jede Farbe zwei Spritzbeutel: einen, um den Rand zu spritzen und einen zum Füllen der Flächen. Nimm die Farbe claret für Pink und mische blau mit etwas violett, um puderblau zu erhalten.

CUPCAKE MIT BLAUER HAUBE

1 Umrande und fülle den unteren Teil mit pinkfarbenem Icing und ziehe eine Bogenlinie am oberen Rand entlang. Lasse das Icing etwa 10 Minuten trocknen, dann umrande und fülle die Haube mit blauem Icing.

2 Wenn alles trocken ist, spritze die Details auf dem unteren Teil mit weißem Icing nach. Spritze auf die Haube eine weiße Zickzack-Linie, pinkfarbene Punkte und lege ein weißes Herz oben auf die Spitze.

CUPCAKE MIT PINKFARBENER HAUBE

1 Umrande und fülle den unteren Teil in weiß, mit einer Zickzack-Linie am oberen Rand. Umrande und fülle den oberen Teil in pink.

2 Spritze die Details auf die trockenen Flächen auf. Spritze dann einen Rahmen für das Topping in weiß und fülle ihn mit weißem Icing. Lasse alles trocknen. Spritze dann pink- und hellrosafarbene Punkte auf, befestige an der Spitze mit Royal Icing eine Mimosenkugel und Zuckerkugeln.

CUPCAKE MIT WEISSER HAUBE

1 Umrande und fülle den unteren Teil in blau mit einer großen Bogenlinie am oberen Rand. Umrande und fülle dann den oberen Teil in weiß.

2 Spritze die Details auf dem Förmchen mit weißem Icing auf. Spritze danach winzige pinkfarbene Punkte auf und befestige kleine Herzen mit Royal Icing.

Schminkkoffer im Leopardenlook

Egal, ob Teenie oder Twen, alle Mädchen lieben Make-up, und dieser Schminkkoffer in Pink und Schwarz liegt voll im Trend! Das Leopardenmuster wird ganz einfach mit Stempeln aus Rollfondant aufgebracht. Für die Dekoration modellierst Du Schminkutensilien in den aktuellen Modefarben und zauberst so den glitzernden Mittelpunkt für jede Mädchenparty.

Du benötigst

MATERIAL

- 1 Runden festen Kuchen mit 10 % zusätzlichem Mehl, 25 cm Durchmesser, 11 cm hoch, mit Leopardenmuster im Teig, schichtweise mit Buttercreme oder Ganache gefüllt und gekühlt

- 300 g Buttercreme oder Ganache zusätzlich zum Überziehen des Kuchens

- Rollfondant: 700 g pink, 1,25 kg etwas helleres pink

- Blütenpaste: 50 g grau, 75 g schwarz, 75 g helles pink, 20 g pink (cerise) (alt. Modellierpaste), 5 g violett

- Farbglanzpulver: pink, silber, lila oder Perlglanz

- Schwarze Lebensmittelfarbpaste

- Cakeboard 33 cm Durchmesser, eingedeckt mit elfenbeinfarbenem Rollfondant

- ¼ Portion Royal Icing (siehe Royal Icing)

- Zitronenextrakt oder klarer Alkohol

ZUBEHÖR

- Strohhalme oder Kuchenstützen (optional)

- Langes Metall-Lineal

- Stitcher (Nadelwerkzeug)

- Bordürenausstecher (Straight Frill Set 1–4, FMM)

- Pinsel mit festen Borsten

- Leichtschaumplatte, 5 mm dick, 20 x 11 cm

- Ausstecher rund: 4,5 cm und 3,5 cm

- Satinband, altrosa, 1,5 cm breit, 1,10 m lang

1 Um die Form des Koffers zu erhalten, schneidest Du ein Stück des runden Kuchens ab und hast damit die gerade Fläche, auf der der Koffer aufrecht stehen wird. Je größer das abgeschnittene Stück ist, desto stabiler steht der Kuchen, allerdings verlierst Du damit die ovale Form und auch sehr viel Kuchen! Überziehe den Kuchen mit Buttercreme oder Ganache und stelle ihn 20 Minuten kalt.

TIPP

Wenn Dein Kuchen sehr locker ist und Du Buttercreme verwendest, kannst Du in die Mitte des aufrecht stehenden Kuchens eine Leichtschaumplatte legen und ihn innen mit Strohhalmen oder Kuchenstützen abstützen (siehe mehrstöckige Kuchen zusammensetzen).

---

2 Rolle den pinkfarbenen Rollfondant zu einer Größe von 60 x 13 cm aus und decke den oberen Bereich des Kuchens ein. Drücke den Fondant mit einem Glätter vorsichtig am Kuchen fest, schneide die überschüssige Paste auf beiden Seiten mit einem scharfen Messer ab und streiche den Fondant glatt.

3 Präge mit dem Lineal eine Linie etwa 2,5 cm von der einen Kante entfernt in die Paste, um so den Deckel anzudeuten. Vermeide es, das Lineal durch die Paste zu ziehen.

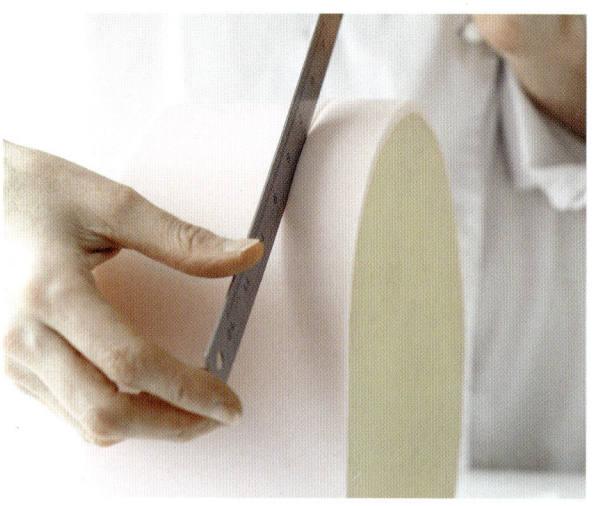

4 Rolle 2/3 des hell pinkfarbenen Rollfondants aus und schneide eine Seite gerade ab. Lege ihn so über den Koffer, dass die gerade Kante am unteren Rand einer Kofferseite passend anliegt. Glätte den Fondant und schneide die überschüssige Paste an der runden Kante sauber ab. Wiederhole dies für die zweite Seite. Lasse es ein paar Stunden antrocknen.

5 Stelle die Stempel für das Leopardenmuster wie folgt her: Du rollst 12 verschieden große Stücke aus hell pinkfarbenem Rollfondant in ungleichmäßige, dicke Stränge. Biege sie und drücke die Enden leicht zusammen. Drücke eine Längsseite flach, damit sie aufrecht stehen, und lege sie zum Trocknen beiseite.

6 Es empfiehlt sich, den Griff 24 Stunden vorher herzustellen. Dafür rollst Du Blütenpaste in hellem Pink 3 – 4 mm dick aus und schneidest einen Streifen von 30 x 3,25 cm aus. Schlage die beiden Enden nach innen um und präge bei beiden eine Nahtlinie mit dem Stitcher ein. Lege den Streifen in runder Form auf der Seite liegend zum vollständigen Trocken beiseite.

7 Pudere mit einem weichen Pinsel das pinkfarbene Glanzpulver in zarten schattierten Streifen auf die Seiten des Koffers. Trage dann das Pulver in Tupfen auf – sie sind die Mittelpunkte des schwarzen Leopardenmusters.

8 Gib etwas schwarze Lebensmittelfarbpaste in eine kleine Schüssel und verdünne sie mit ganz wenig Wasser, damit sie besser zum Malen geeignet ist. Trage die Farbe dann auf die flache Seite eines der Fondant-Stempel auf und stemple damit das Muster, jeweils um die pinkfarbenen Tupfen auf den Kofferseiten. Du kannst jeden dieser "Stempel" etwa fünfmal verwenden, dann werden sie zu weich und damit unbrauchbar.

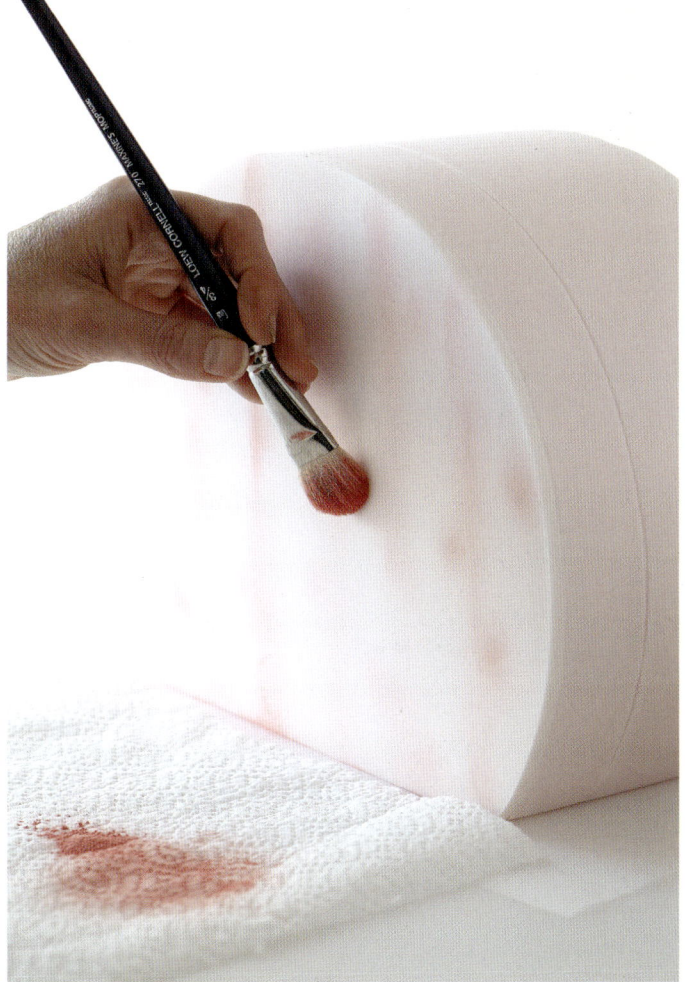

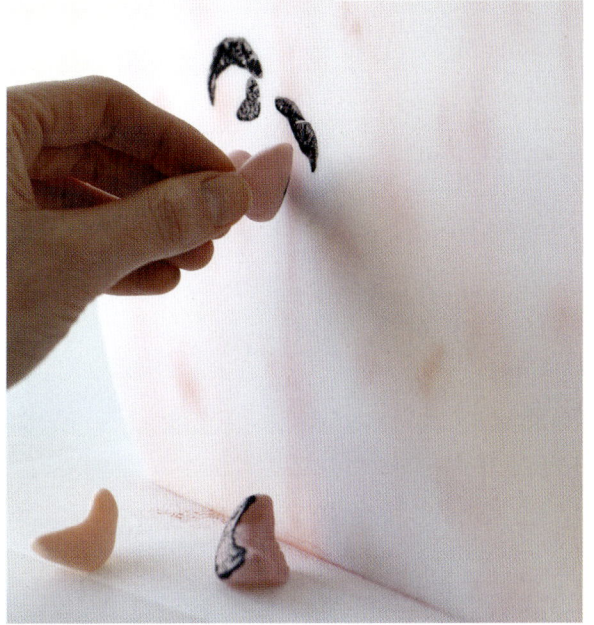

TIPP

Eine meiner Kolleginnen, Erin Gardner, verwendet zum Stempeln ähnlicher Muster getrockneten Sellerie anstelle von Rollfondant.

9 Verwische den Druck auf dem Kuchen etwas mit einem
weichen Pinsel, damit es mehr nach Fell aussieht. Fahre
fort, bis Du mit dem Ergebnis zufrieden bist und befestige
den Kuchen dann mit Royal Icing auf dem Cakeboard.

10 Rolle die schwarze Blütenpaste dünn zu zwei
etwa 60 cm langen Streifen aus. Schneide je eine
Längsseite mit dem Bordürenausstecher zu einer Borte.
Schneide die andere Längsseite mit einem langen
scharfen Messer in gleichmäßigem Abstand gerade
ab. Befestige die beiden Borten mit Lebensmittelkleber
an der runden schmalen Seite des Kuchens, die gera-
degeschnittene Längsseite am Rand entlang liegend.

11 Zur Fertigstellung des Griffes rollst Du die graue
Blütenpaste 3 mm dick aus. Schneide zwei Rechtecke
von je 4,25 x 1,25 cm aus. Forme vier dünne Stränge,
schneide sie auf 1,5 cm Länge und biege sie zu einem
rechten Winkel. Befestige die Enden des Griffes mit
Lebensmittelkleber auf den Rechtecken und bringe sie
zusammen auf dem Koffer oben an. Stecke die kleinen
Stränge in die Öffnungen zu beiden Seiten der Griffenden
und befestige sie seitlich daneben auf den Rechtecken.

12 Für den Verschluss rollst Du weitere graue Blüten-paste 4 mm dick aus. Schneide zwei Rechtecke von 2,5 x 1,25 cm aus und klebe sie zu beiden Seiten des geprägten Deckelrandes. Rolle zwei kleine dünne Stränge von 5 mm Länge und befestige sie an den Seiten des Verschlussteils auf dem Deckel-rand. Mische silbernes Glanzpulver mit Alkohol und bemale damit alle Teile aus grauer Paste.

13 Modelliere für den Nagellack eine Rolle von 7 x 1,5 cm aus schwarzer Blütenpaste und drücke sie für den Ver-schluss an einem Ende etwas schmaler. Forme aus pinkfar-bener Blüten- oder Modellierpaste eine Kugel und diese dann zu einem dickbauchigen Kegel. Drücke für den Boden das breitere Ende flach. Befestige den schwarzen Verschluss obendrauf und stelle sie zum Trocknen beiseite.

TIPP

Stelle für zusätzliche Dekorationen weitere Make-up-Utensilien, z. B. Lippenstifte, Rouge usw her!

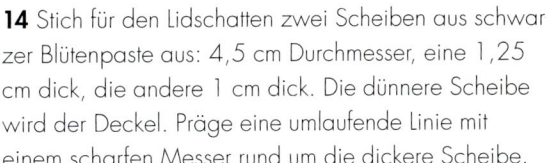

---

14 Stich für den Lidschatten zwei Scheiben aus schwar-zer Blütenpaste aus: 4,5 cm Durchmesser, eine 1,25 cm dick, die andere 1 cm dick. Die dünnere Scheibe wird der Deckel. Präge eine umlaufende Linie mit einem scharfen Messer rund um die dickere Scheibe.

15 Stich mit dem 3,5 cm Ausstecher eine Scheibe aus 2 mm dicker violetter Blütenpaste aus. Bepudere sie mit lilafarbenen Puder oder Perlglanzpulver und bringe sie mit Kleber auf dem unteren Teil der Lidschattendose an. Klebe alle Make-up-Teile mit Royal Icing auf das Cakeboard.

16 Zum Schluss befestigst Du das Satinband am Rand des Cakeboards (siehe Band an Kuchen und Cakeboard befestigen).

Edle Parfümflaschen

Als nicht zu überbietenden Hingucker backst Du kleine Kuchen in Kugelform und verzierst sie in dekorativem Silber zu luxuriösen Parfümfläschchen. Das Zebramuster wird ganz einfach auf den Rollfondant aufgemalt und lässt modebewusste Herzen höher schlagen.

Du benötigst

- Kugelförmige Minikuchen, 7,5 cm Durchmesser, aus je zwei Halbkugeln gebacken, mit Füllung zusammengesetzt, dünn überzogen und gekühlt (siehe Minikuchen)

- Weißen Rollfondant

- Farbglanzspray in Pink

- Graue Blütenpaste

- Rollstäbe: glatt, Prägestab mit Margeritenmuster (daisy)

- Ausstecher Blüte, sechsblättrig: 8,5 cm, 4 cm

- Tortenpappe 5 cm Durchmesser

- Silbernes Farbglanzpulver

- Cakeboard (Drum 12 mm), 13 cm Durchmesser, mit weißem Rollfondant eingedeckt und mit schwarzer Lebensmittelfarbe im Zebramuster bemalt

- Satinband, pinkfarben, 1,5 cm breit, 0,50 m lang

1 Rolle den weißen Rollfondant aus und decke die gekühlte Kuchenkugel damit ein. Streiche die Paste dabei mit Deinen Händen rundherum bis nach unten glatt. Entferne die überschüssige Paste und glätte die Oberfläche mit Handfläche und -ballen. Besprühe die fertige Kugel dünn mit pinkfarbenem Glanzspray, um ihr an einigen Stellen eine glänzende Oberfläche zu geben.

2 Präge graue und 2 mm dick ausgerollte Blütenpaste mit dem Prägerollstab im Blütenmuster. Drücke den Stab dabei gleichmäßig fest in die Paste, damit das Muster einheitlich stark geprägt wird.

3 Stich für den Deckel mit dem 8,5 cm großen Ausstecher eine Blüte aus der geprägten grauen Blütenpaste aus und bepudere sie mit silbernem Glanzpulver. Befestige sie mit Lebensmittelkleber oben auf der Kugel.

4 Für den Schraubdeckel rollst Du aus grauer Blütenpaste einen Strang, 1,5 cm dick und 1,5 cm lang. Bepudere ihn mit silbernem Glanzpuder und klebe ihn mittig auf die Blüte. Rolle etwas mehr graue Blütenpaste 5 mm dick aus und stich mit dem 4 cm Ausstecher eine kleine Blüte aus. Pudere sie mit silbernem Glanzpulver ein und befestige sie oben auf dem Schraubdeckel.

5 Befestige den Kuchen mit etwas Royal Icing auf dem bemalten Cakeboard und bringe pinkfarbenes Band am Rand des Cakeboards an.

Heimat der Superhelden

Beinahe jedes Kind hat in seiner Jugend einen Lieblingshelden und wird die Gelegenheit einer Mottoparty gern nutzen, um sich einen Tag lang wie sein Idol zu kleiden! Mit diesem Kuchen im Pop-Art- und Comic-Stil – in knalligen Farben, mit großen Sternen und einer Alters-Sprechblase – können sie sich umso besser in ihre Helden versetzen und davon träumen, die Stadt vor dem Bösen zu retten!

Du benötigst

MATERIAL

- Runde Kuchen (siehe Kuchenrezepte), 13 cm Durchmesser, 11,5 cm hoch, und 18 cm Durchmesser, 13 cm hoch, im Regenbogenmuster (optional) (siehe Überraschungskuchen). Schichtweise gefüllt mit Buttercreme oder Ganache, gekühlt

- Blütenpaste: 200 g weiß, 200 g schwarz, 75 g rot, 60 g blau

- Cakeboard (Drum 12 mm), rund, 23 cm Durchmesser, mit schwarzem Rollfondant eingedeckt

- Rollfondant: 450 g gelb, 1,25 kg weiß

- Bedrucktes Fondantpapier: ein Blatt in blau mit dunkleren blauen Tupfen, zwei Blätter in Gelb mit orangefarbenen Tupfen

- ¼ Portion Royal Icing (siehe Royal Icing)

ZUBEHÖR

- Drei Kuchenstützen in passender Länge (siehe mehrstöckige Kuchen zusammensetzen)

- Vorlagen: Sprechblase, äußerer und innerer Rahmen, Wolkenkratzer (siehe Vorlagen)

- Ausstecher Stern, 3 cm

- Satinband, Schwarz, 1,5 cm breit, 75 cm lang

- Schwarzer Lebensmittelfarbstift

1 Stelle zuerst die sternförmige Sprechblase her, damit sie vor dem Anbringen vollständig austrocknen kann. Rolle dafür etwa die Hälfte der weißen Blütenpaste 2 – 3 mm dick aus und schneide mit Hilfe der Vorlage den größeren Stern vorsichtig aus. Lege die kleinere Vorlage auf das blaubedruckte Fondantpapier und zeichne den Umriss mit einem schwarzen Lebensmittelfarbstift nach. Schneide die Form außerhalb der schwarzen Linien mit einem Skalpell oder einer Schere aus. Befestige den blauen Stern auf dem weißen mit etwas Lebensmittelkleber und lege die Sprechblase zum Trocknen beiseite.

TIPP

Am besten stellst Du zwei Sprechblasen her, für den Fall, dass eine beschädigt wird!

2 Decke den 13 cm Kuchen mit weißem Rollfondant ein. Schneide die Oberseite des Fondants mit einem scharfen Messer weg. Rolle 200 g gelben Rollfondant 3 – 4 mm dick aus und decke die Oberseite des Kuchens damit neu ein. Schneide überschüssige Paste sauber weg, um eine gerade scharfe Kante zu erhalten. Diese Methode eignet sich am besten für weichen Rollfondant. Ist Dein Fondant fester, dann decke zuerst die Seiten mit einem passenden Streifen ein und lege dann eine Scheibe auf die Oberseite.

3 Decke den 18 cm Kuchen wie unter Schritt 2 beschrieben ein und stütze ihn dann ab. Befestige beide Kuchen aufeinander auf dem vorbereiteten Cakeboard.

4 Miss die Höhe des oberen Kuchens exakt aus. Zeichne dieses Maß genau auf ein gelbbedrucktes Fondantpapier der Länge nach ein. Schneide so einen Streifen zu, der um den oberen Kuchen passt. Falls es kleine Höhenunterschiede gibt, musst Du das Papier eventuell etwas nachschneiden. Trage ein wenig Lebensmittelkleber auf den Kuchen auf und klebe das bedruckte Papier damit an.

5 Verwende das zweite gelbbedruckte Papier, um den oberen Kuchen damit vollständig zu verkleiden. Gehe dazu wie unter Schritt 4 beschrieben vor. Du wirst nicht das ganze Blatt dazu benötigen. Achte darauf, dass das Muster an der einen Nahtstelle gut zusammenpasst. An der zweiten Naht wird es nicht passen – lege diese Naht auf die Rückseite.

6 Verkleide den oberen Rand des größeren Kuchens mit den restlichen Streifen des gelbbedruckten Papiers.

7 Schneide die Silhouetten von Wolkenkratzern in unterschiedlichen Größen und Formen aus dünn ausgerollter schwarzer Blütenpaste aus. Du findest dazu ein paar Vorlagen für den Anfang (siehe Vorlagen). Beginne mit einfachen rechteckigen Formen, die Höhe der Gebäude sollte etwa 10 – 13 cm betragen, die Breite etwa 1,5 – 3 cm. Gestalte sie interessanter, indem Du teilweise Ecken abschneidest. Befestige die Rechtecke mit Lebensmittelkleber im Abstand von 4 – 8 mm rund um den unteren Kuchen.

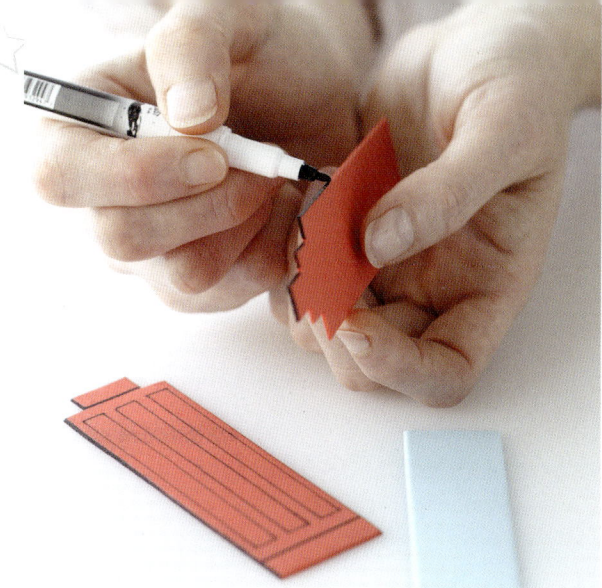

10 Befestige die Wolkenkratzer in abwechselnden Farben mit Royal Icing am Kuchen.

8 Rolle die restliche weiße Blütenpaste und die farbigen Pasten getrennt dünn aus und schneide etwas kleinere Wolkenkratzer aus, die vor die schwarzen positioniert werden. Du brauchst etwa sechs von jeder Farbe und am besten ein paar Ersatzteile! Schneide mit dem Ausstecher aus der roten Paste zwei Sterne und die Jahreszahl frei Hand aus. Lege alles zum Trocknen auf eine flache Unterlage.

9 Zeichne mit dem Lebensmittelfarbstift und einem Lineal die Ränder der Sterne und der Zahl nach. Zeichne dann die Seiten der Wolkenkratzer nach und ergänze einfache Details wie Fenster und Gebäudeteile. Du kannst restliche Teile des blaubedruckten Papiers verwenden und auf die blauen Gebäude als Detail aufkleben. Versuche, die Wolkenkratzer unterschiedlich zu gestalten, damit es interessanter wird.

11 Bringe die Zahl mit etwas Royal Icing auf der Sprechblase an und befestige diese am Kuchen. Entferne dazu an dieser Stelle etwas vom bedruckten Fondantpapier. Klebe die Sprechblase direkt auf den Rollfondant, damit sie besser hält. Klebe schließlich die beiden Sterne am oberen Kuchen an.

12 Befestige das schwarze Band am Rand des Cakeboards (siehe Band an Kuchen und Cakeboard befestigen).

Fantastische Masken

Die farbenfrohen Masken sind eine tolle Ergänzung für die Superhelden-Party. Ich habe hier verschiedene Charaktere einfließen lassen, aber Du kannst sie nach Deinem Geschmack für Deine Idole gestalten. Du kannst sogar Löcher an den Seiten in die Kekse schneiden, ein Band durchziehen und sie Deinen kleinen Helden anziehen!

Du benötigst

- Vanille-Cookies in Maskenform nach Vorlage ausgeschnitten (siehe Vorlagen) (siehe Kekse backen)

- Royal Icing (siehe Royal Icing)

- Kleine und große Spritzbeutel

- Spritztülle Nr. 1

- Lebensmittelfarbpaste: blattgrün (foliage green), blau (baby blue), schwarz, rot, gelb und elfenbeinfarben (Sugarflair) No. 1 piping tubes (tips)

1 Färbe zuerst das Royal Icing ein. Du benötigst für jede Farbe zwei Spritzbeutel: eine für die Umrandung und eine für das Füllen der Flächen. Verwende für das graue Icing eine ganz kleine Menge schwarz.

2 Umrande alle Kekse und fülle die Flächen (siehe Kekse mit Royal Icing überziehen). Wenn Du mehrere Farbflächen auf den Keksen hast, lasse die erste Fläche 10 Minuten trocknen, bevor Du mit der nächsten Farbe weiterarbeitest.

3 Lasse alle Flächen vor dem Aufspritzen der Details gut trocknen. Orientiere Dich für die Details am Foto (siehe Spritzen mit Royal Icing). Nimm für die Haare der Hulk-Maske sehr weiches schwarzes Icing.

Rezepte und Techniken

KUCHENREZEPTE

Verwende immer qualitativ hochwertige Zutaten, damit Dein Kuchen genauso umwerfend schmeckt wie er aussieht. Damit Du professionelle Kuchen ohne harte Kruste bekommst, backe sie stets in Backformen, die 2,5 cm größer als das Endmaß des Kuchens sind. Die hier angegebenen Größen und Zutaten ergeben Kuchen mit einer Höhe von etwa 7,5 – 9,0 cm. Für niedrigere Kuchen oder Minikuchen reduzierst Du die Mengen entsprechend.

Umrechnung in Cups

Wenn Du lieber mit Maßangaben in Cups arbeitest, dann verwende bitte diese Umrechnungswerte:

Flüssigkeiten
- 1 TL = 5 ml
- 1 EL = 15 ml
- ½ Cup = 120 ml
- 1 Cup = 240 ml

Feinster weißer Zucker / brauner Zucker
- ½ Cup = 100 g
- 1 Cup = 200 g

Butter
- 1 EL = 15 g
- 2 EL = 25 g
- ½ Cup / 1 stick = 115 g
- 1 Cup / 2 sticks = 225 g

Puderzucker
- 1 Cup = 115 g

Mehl
- 1 Cup = 125 g

Sultaninen
- 1 Cup = 165 g

Bitte beachten:

Die öfter verwendeten Mengenangaben

¼ Portion Royal Icing (siehe Royal Icing) oder ½ Portion Royal Icing (siehe Royal Icing)

beziehen sich auf die Mengen des Rezeptes auf Seite 118

Backformen vorbereiten

Damit der Kuchen nicht an der Backform anhaftet, lege ich den Boden und die Seiten der Backform gern mit Backpapier aus, bevor ich den Teig einfülle und backe.

1 Lege Deine runde Backform auf ein Stück Backpapier und übertrage ihren Umriss mit einem Lebensmittelfarbstift. Schneide das Papier dann innerhalb dieser Linie mit einer Schere aus, damit es gut auf den Boden der Form passt. Schneide dann einen langen Streifen, mindestens 9 cm breit, aus dem Papier aus. Falte eine Längsseite ca. 1 cm um, streiche den Knick fest nach und öffne das Papier wieder. Schneide den umgeknickten schmalen Streifen bis zum Knick über die ganze Länge mit kleinen Schnitten ein, die etwa im Abstand von 2,5 cm nebeneinander liegen. Lege die Seite der Backform mit dem Papierstreifen aus, die schmale eingeschnittene Seite auf dem Boden. Lege dann die zuvor ausgeschnittene Papierscheibe darauf.

2 Bei quadratischen Formen legst Du ein Stück Backpapier über die Backform. Schneide ein Quadrat aus, das die Form auf jeder Seite um 7,5 cm überragt. Schneide an jedem Ende der Form das Papier auf zwei gegenüberliegenden Seiten ein. Drücke das Papier in die Form und lege die längeren Seitenteile hinter die kürzeren.

PORTIONSANGABEN

In der folgenden Tabelle siehst Du, wie viele Portionen Du ungefähr aus den unterschiedlichen Größen erhältst. Für die Berechnung wurde eine Größe pro Portion von etwa 2,5 x 2,5 cm, 9 cm hoch, angenommen.

Größe	10 cm		13 cm		15 cm		18 cm		20 cm		23 cm		25 cm		28 cm	
Form	O	Qu	O	Qu	O	Qu	O	Qu	O	Qu	O	Qu	O	Qu	O	Qu
Portionen	5	10	10	15	20	25	30	40	40	50	50	65	65	85	85	100

Klassischer Rührkuchen

Für alle Kuchen in diesem Buch habe ich ein klassisches Rührkuchen-Rezept verwendet – ein ganz einfaches Rezept, das Kinder immer wieder gern essen! Du kannst es mit unterschiedlichen Zusätzen abwandeln (siehe zusätzliche Geschmacksstoffe). Teile die Menge am besten auf zwei Backformen auf, damit der Kuchen wirklich locker wird. Wenn Du drei Schichten haben möchtest, dann teile den Teig in ein Drittel / zwei Drittel auf. Bei kleineren Kuchen kannst Du die Lagen auch aus einem größeren quadratischen Kuchen ausschneiden. Zum Beispiel kannst Du einen Kuchen mit 15 cm Durchmesser aus einem quadratischen Kuchen mit 30 cm Seitenlänge schneiden (siehe Hinwies oberhalb der Tabelle und auch Schichten, Füllen und Vorbereiten).

TIPP

Butter und Eier sollten Raumtemperatur haben, bevor Du beginnst.

1 Heize den Backofen auf 160 °C vor und lege Deine Formen mit Backpapier aus (siehe Backformen vorbereiten).

2 Schlage Butter und Zucker in einer großen Rührschüssel (wenn möglich, mit der Küchenmaschine) auf, bis die Masse leicht und locker ist. Gib die Eier einzeln dazu und rühre sie gut unter. Füge dann das Aroma zu.

3 Siebe Mehl und Backpulver über die Mischung und rühre sie vorsichtig unter, bis alles gerade gut vermischt ist.

4 Mische abschließend den Teig langsam mit einem Teigspatel durch. Fülle den Teig in die vorbereitete(n) Form(en) und streiche ihn mit einer Winkelpalette oder einem Löffelrücken glatt.

5 Backe den Kuchen, bis bei der Stäbchenprobe nichts mehr kleben bleibt. Die Backzeit hängt sehr stark von Deinem Ofen ab. Prüfe kleine Kuchen nach 20 Minuten und größere nach etwa 40 Minuten.

6 Lasse den Kuchen abkühlen und verpacke ihn dann in Frischhaltefolie. Lege ihn bis zur weiteren Verwendung in den Kühlschrank.

Hohe Kuchen

Für höhere Kuchen backst Du einfach das Rezept anderthalbmal. Wenn Du nicht genügend Backformen hast, dann backe alles in zwei Chargen. Lasse die Kuchen leicht abkühlen, bevor Du sie aus der Form nimmst und die Form wieder füllst.

Haltbarkeit

Der Rührkuchen sollte einen Tag vorher gebacken werden. Wenn Du ihn nicht am nächsten Tag verwenden willst, friere ihn ein. Nach den ein bis zwei Tagen fürs Füllen und Eindecken hält sich der Kuchen außerhalb des Kühlschranks noch drei bis vier Tage.

Hinweis: Wenn Du drei Lagen aus einem größeren quadratischen Kuchen schneiden willst: Für einen runden Kuchen mit 15 cm Durchmesser backst Du einen Teig aus 8 Eiern und je 400 g Butter / Zucker / Mehl in einer quadratischen Form mit 30 cm. Für einen Kuchen mit 13 cm Durchmesser oder Seitenlänge backst Du einen Teig aus 7 Eiern und je 350 g Butter / Zucker / Mehl in einer quadratischen Form mit 28 cm. Für einen Kuchen mit 10 cm Durchmesser oder Seitenlänge nimmst Du 6 Eier und je 300 g Butter / Zucker / Mehl für eine quadratische Form von 25 cm. Gib 5 bis 10 Prozent Mehl zusätzlich dazu, wenn die Kuchen höher oder geschnitzt werden, oder wenn der Kuchen Dir zu weich scheint.

Größe rund und quadratisch	13 cm 10 cm	15 cm 13 cm	18 cm 15 cm	20 cm 18 cm	23 cm 20 cm	25 cm 23 cm	28 cm 25 cm	30 cm 28 cm
Butter	150 g	200 g	250 g	325 g	450 g	525 g	625 g	800 g
Feinster Zucker	150 g	200 g	250 g	325 g	450 g	525 g	625 g	800 g
Eier Größe M	3	4	5	6	9	10	12	14
Vanille Aroma (TL)	½	1	1	1½	2	2	2½	4
Mehl + Backpulver	150 g 3,5 g	200 g 5 g	250 g 6 g	325 g 7,5 g	450 g 10,5 g	525 g 12 g	625 g 14,5 g	800 g 18,5 g

ZUSÄTZLICHE GESCHMACKSSTOFFE

Zitrone Füge die fein abgeriebene Schale von 1 Zitrone pro 100 g Zucker hinzu.

Orange Füge die fein abgeriebene Schale von 2 Orangen pro 250 g Zucker hinzu.

Schokoladenkuchen Ersetze pro 100 g Mehl 15 g Mehl durch 15 g ungesüßtes Kakaopulver.

Bananenkuchen Tausche den feinen Zucker gegen braunen Zucker aus. Gib auf je 100 g Mehl eine zerdrückte Banane und ½ TL Lebkuchengewürz dazu.

Kaffee- und Walnussgeschmack Ersetze 15 g Mehl durch 15 g geriebene Walnüsse (je 100 g Mehl). Tausche den feinen Zucker gegen braunen Zucker aus und gib abgekühlten Espresso nach Belieben dazu.

Überraschungskuchen

Kuchen mit farbenfrohen Mustern und buntem Innenleben stehen hoch im Kurs, besonders bei Kinderpartys. Wenn Du den Teig bunt einfärbst, hast Du jede Menge Möglichkeiten, Deine Gäste beim Anschneiden mit bunten inneren Dekorationen zu verblüffen. Nachstehend findest Du ein paar meiner Lieblings-"Überraschungskuchen", die für die Projekte in diesem Buch zusammengestellt wurden.

Prüfe bei der Verwendung von Lebensmittelfarben immer die Zutaten in Hinblick auf eventuelle Allergien bei Kindern. Ich würde meinen Kindern nicht täglich Kuchen mit viel Lebensmittelfarben geben, habe aber nichts gegen eine entsprechende Nascherei zu einem besonderen Anlass. Solltest Du Dir wegen der Farben Gedanken machen, dann verwende natürliche Farbstoffe oder nimm hellen und Schokoladenteig.

Camouflage

Für dieses coole Muster, das sich besonders für den Paintball-Kuchen eignet, färbst Du ein Drittel des Kuchens hellgrün, das zweite Drittel etwas dunkler grün und für den Rest nimmst Du Schokoladenteig. Verteile den Teig willkürlich löffelweise in der Backform, um das gefleckte mehrfarbige Muster zu bekommen. Backe den Kuchen dann wie gewohnt (siehe Kuchenrezepte).

TIPP

Gib die Farbe beim Aufschlagen von Butter und Zucker hinzu, damit Du den Teig nach der Zugabe des Mehls nicht zu viel rührst.

Perfekte Erbsen

Für diesen lustigen Kuchen, bei "Die Prinzessin auf der Erbse" verwendet, wird gebackener Kuchen zerbröselt und für die "Erbsen" zu Kugeln geformt. Damit Du für einen hohen Kuchen mit 18 cm Durchmesser genug "Erbsen" hast, backe einen grün eingefärbten Kuchen mit 300 g Butter/Zucker/Mehl usw. (ich nehme hier mint green) in einer Backform mit 23 oder 25 cm Durchmesser. Lasse den Kuchen abkühlen, zerbrösele ihn und mische ihn mit 30 – 45 ml Buttercreme. Rolle Kugeln von 2 cm Durchmesser aus der Masse und drücke sie dann leicht in die Formen mit dem zu backenden, rohen Teig. Die Kugeln werden etwas einsinken, drücke sie deshalb nicht so tief ein. Verteile etwas restlichen Teig darüber und backe den Kuchen wie gewohnt.

Regenbogenkuchen

Dieser mit bunten Süßigkeiten gefüllte Kuchen ist einfach großartig für "Den großen Auftritt". Du kannst ihn auch toll für die "Heimat der Superhelden" abwandeln, indem Du die helle und die grüne Lage weglässt. Backe einfach dünne Lagen unterschiedlich eingefärbten Teiges (siehe Kuchenrezepte), lasse sie abkühlen und schneide sie gerade und glatt (siehe Schichten, Füllen und Vorbereiten). Stich mit einem runden Ausstecher von 4 cm die Mitte der drei mittleren Lagen aus. Schichte die Lagen wie hier gezeigt aufeinander, mit einer Lage ohne Loch ganz unten, und achte darauf, dass keine Füllung in die Öffnung gerät. Bevor Du die oberste Lage Kuchen drauflegst, füllst Du das Loch in der Mitte mit Süßigkeiten. Dann überziehst Du den Kuchen wie gewohnt.

Schachbrettmuster

Dieses Muster wurde für einen Kuchen mit 20 cm Durchmesser entworfen und Du brauchst dafür Ausstecher mit 5 cm, 10 cm, 15 cm und 20 cm Durchmesser. Für einen 10 cm oder 15 cm Kuchen lässt Du einfach die äußeren Ringe weg. Es ist ein Blickfang für jeden runden Kuchen. Du kannst das Muster auch für "Die Ritter der Tafelrunde" sehr effektiv verkleinern. Backe zwei Lagen rot eingefärbten Teiges, und zwei Lagen Schokoladenteig. Ich habe für jede Farbe jeweils eine Menge von 400 g auf zwei Backformen von 23 cm verteilt (siehe Kuchenrezepte). Schneide nach dem Abkühlen jede Lage auf die gleiche Größe und Höhe gerade zurecht. Stich dann aus jeder Lage einen Ring mit 5 cm, 10 cm und 15 cm aus und achte darauf, dass alle genau zentriert sind. Setze den Kuchen dann wie hier gezeigt mit dünnen Schichten Schokoladen-buttercreme oder Ganache zusammen (siehe Schichten, Füllen und Vorbereiten). Streiche dabei auch eine kleine Menge Füllung auf die Innenseiten der Ringe, damit der Kuchen beim Anschneiden nicht auseinanderfällt.

Leopardenmuster

Damit sich das modische Leopardenmuster des Schminkkoffers auch innen fortsetzt, backst Du einen sehr hellen Schokoladenteig aus 200 g Butter/Mehl/Zucker usw. (nimm nur ein paar Gramm Kakaopulver) in einer Backform von 15 – 20 cm Durchmesser und einen Schokoladenkuchen mit je 250 g Butter/Zucker/Mehl usw. in einer 18 – 23cm Backform (siehe Kuchenrezepte). Verknete für das Leopardenmuster den helleren Kuchen mit 30 – 45 ml Buttercreme zu kleinen Klümpchen. Zerbrösele dann den dunklen Kuchen, mische die gleiche Menge Buttercreme dazu und umhülle die hellen Klümpchen damit dünn. Drücke die zweifarbigen Teile dann in den ungebackenen hellen Teig (siehe Perfekte Erbsen) und backe den Kuchen wie gewohnt.

FÜLLUNGEN UND ÜBERZUGSMASSEN

Füllungen geben dem Kuchen Feuchtigkeit und Geschmack. Die Art Deiner Füllung sollte den Geschmack des Kuchens unterstreichen: Buttercreme und Ganache sind die vielfältigsten Füllungen, wobei Ganache im Allgemeinen für Schokoladenkuchen verwendet wird. Verarbeite diese Rezepte nur bei Raumtemperatur. Die Füllungen kannst Du auch zum Überziehen der Kuchen einsetzen, um Unebenheiten zu korrigieren und einen festen, glatten Untergrund für den Rollfondant herzustellen.

Buttercreme

Dieses Rezept ergibt etwa 500 g, das ist ausreichend für einen geschichteten Kuchen von 18 – 20 cm, rund oder quadratisch, oder 20 – 24 Cupcakes.

MATERIAL
- 225 g weiche Butter
- 275 g Puderzucker
- 15 ml Wasser
- 5 ml Bourbon-Vanillearoma oder Alternative

ZUBEHÖR
- Küchenmaschine
- Teigschaber

1 Gib Butter und Puderzucker in die Rührschüssel der Küchenmaschine. Verrühre sie miteinander, starte dabei auf niedriger Stufe, damit die Mischung nicht aus der Schüssel geschleudert wird.

2 Gib Wasser und Aroma bzw. Geschmacksstoff dazu und erhöhe die Geschwindigkeit. Schlage die Buttercreme auf, bis sie hell, leicht und locker ist.

3 In einem luftdicht verschlossenen Behälter im Kühlschrank hält sie sich bis zu zwei Wochen.

Sirup

Sirup wird auf den Kuchen gestrichen, um das Aroma zu verstärken und Feuchtigkeit einzubringen. Verwende ihn nach Geschmack und Struktur des Kuchens – nimm nicht zu viel, sonst wird der Kuchen zu süß und klebrig.

Die nachstehenden Mengen sind ausreichend für einen geschichteten Kuchen mit 20 cm Durchmesser (ein quadratischer benötigt etwas mehr) oder 20 – 24 Cupcakes.

MATERIAL
- 85 g feinster Zucker
- 80 ml Wasser
- 5 ml Bourbon-Vanillearoma (optional)

ZUBEHÖR
- kleiner Topf
- Löffel aus Metall

1 Bringe Zucker und Wasser unter wenig Rühren zum Kochen. Gib das Aroma dazu und lasse alles abkühlen.

2 Der Sirup hält sich in einem luftdicht verschlossenen Behälter im Kühlschrank bis zu einem Monat.

Für Zitronen- oder Orangensirup ersetzt Du das Wasser durch frischgepressten, gesiebten Fruchtsaft. Du kannst auch nach Belieben etwas Zitronen- oder Orangenlikör dazugeben, um das Aroma zu steigern.

Ganache

Diese wunderbare, seidig-glatte Füllung wird aus Schokolade und Sahne hergestellt. Ganache wird bei Raumtemperatur fester als Buttercreme und gibt dem Kuchen eine schöne feste Oberfläche zum Eindecken. Dadurch erhältst Du schärfere, klarere Kanten und Ecken. Aus diesem Grund empfehle ich Ganache für alle geschnitzten und geformten Kuchen wie z. B. den "Großen Auftritt". Nimm immer hochwertige Schokolade mit mindestens 53 Prozent Kakaoanteilen.

Das folgende Rezept ergibt etwa 500 g; genug für einen runden oder quadratischen Kuchen von 18 – 20 cm oder 20 – 24 Cupcakes.

MATERIAL

- 300 g dunkle Schokolade, gehackt, oder als Chips

- 200 g süße Sahne

ZUBEHÖR

- Kleiner Topf

- Rührschüssel

- Teigschaber

1 Gib die Schokolade in die Schüssel.

2 Bringe die Sahne in einem kleinen Topf zum Kochen und gieße sie dann sofort über die Schokolade. Rühre, bis sich die Schokolade aufgelöst und vollständig mit der Sahne vermischt hat.

3 Lasse die Masse abkühlen, decke sie ab und lagere sie im Kühlschrank. Dort hält sie sich bis zu einer Woche.

TIPP

Achte darauf, dass Buttercreme und Ganache vor der Verarbeitung Raumtemperatur haben – anderenfalls musst Du sie vor dem Aufstreichen etwas erwärmen.

Weiße Schokoladen-Ganache

Weiße Schokoladen-Ganache ist eine verführerische Füllung für schwerere Rührkuchen (mit der Extra-Mehlzugabe) und eine gute Alternative zu Buttercreme. Verfahre dazu wie im Rezept beschrieben, aber nimm 150 g Sahne für 350 g weiße Schokolade. Wenn Du nur eine kleine Menge herstellst, schmilz die Schokolade, bevor Du die heiße Sahne dazugibst.

BACK- UND EINDECKTECHNIKEN

Schichten, füllen und vorbereiten

Die richtige Vorbereitung Deines Kuchens vor dem Eindecken ist Voraussetzung, wenn Du gut gearbeitete, professionell aussehende Kuchen haben willst. Rührkuchen bestehen üblicherweise aus zwei, drei oder vier Lagen (siehe klassischer Rührkuchen) und werden mit Buttercreme oder Ganache gefüllt, bevor sie mit Rollfondant eingedeckt werden.

ZUTATEN

- Buttercreme oder Ganache (siehe Füllungen und Überzugsmassen) zum Füllen und Überziehen

- Sirup (siehe Füllungen und Über-zugsmassen) zum Einstreichen

- Gelee oder Marmelade zum Füllen (optional)

ZUBEHÖR

- Tortenbodenschneider

- Großes Wellenschliffmesser

- Lineal

- Kleines scharfes Schälmesser (optional)

- Cakeboard, plus Tortenunterlage oder größeres Cakeboard (falls erforderlich)

- Drehteller

- Palettenmesser

- Backpinsel

2 Entweder backst Du Deine Kuchen etwa 2,5 cm größer als der Kuchen sein soll, oder Du schneidest sie aus einem größeren Kuchen wie zuvor beschrieben aus. Lege das Cakeboard in der gewünschten Größe auf den Kuchen und schneide rundherum den Rand gerade senkrecht ab. Nimm für runde Kuchen ein kleines, scharfes Schälmesser und für quadratische Kuchen ein großes Wellenschliffmesser.

1 Schneide die dunkle Kruste vom Boden des Kuchens ab. Wenn Du zwei gleiche Böden gebacken hast, schneide sie mit dem Tortenbodenschneider auf gleiche Höhe. Wenn Du den Teig auf 1/3 und 2/3 geteilt hast, dann halbiere den höheren Kuchen mit dem Tortenbo-denschneider oder einem Wellenschliffmesser, um drei gleiche Böden zu erhalten. Du kannst alternativ auch drei Böden aus einem großen, flachen, quadratischen Kuchen schneiden: Schneide zwei Scheiben aus gegen-überliegenden Ecken des Quadrats für zwei Böden aus und zwei halbe Scheiben aus den beiden anderen Ecken und lege diese zu dem dritten Boden zusammen. Der fertige Kuchen liegt auf einem Cakeboard mit 1,2 mm Höhe, damit hat er eine Höhe von etwa 9 cm.

3 Lege die drei Böden aufeinander und prüfe, ob sie gleich groß und gerade sind, und schneide sie, falls erforderlich, zurecht. Lege das Basis-Cakeboard auf den Drehteller. Sollte es kleiner sein als der Drehteller, lege ein anderes Cakeboard oder eine Tortenunterlage darunter. Verwende eine Antirutschmatte, wenn nötig.

4 Streiche mit einem mittelgroßen Palettenmesser ein wenig Buttercreme oder Ganache auf das Cakeboard und lege den untersten Boden darauf. Bestreiche ihn mit Sirup – die Menge hängt davon ab, wie feucht Dein Kuchen sein soll.

5 Verteile eine etwa 3 mm dicke gleichmäßige Schicht Buttercreme oder Ganache auf dem Boden und darauf eine dünne Schicht Marmelade, falls Du sie zum Füllen nimmst. Wiederhole das Ganze mit dem zweiten Boden. Verwende nicht zu viel Füllung, da der Kuchen durch das Gewicht des Rollfondants etwas einsinken kann und die Füllung dann herausquillt. Lege abschließend den letzten Boden auf und bestreiche ihn mit Sirup.

6 Überziehe die Seiten des Kuchens mit Buttercreme oder Ganache, die Oberseite zuletzt. Du brauchst nur eine sehr dünne gleichmäßige Schicht. Dieser Überzug dient dazu, die Krümel abzudecken und den Kuchen zu versiegeln. Sollte der Überzug körnig werden, dann trage noch eine zweite dünne Schicht auf.

7 Stelle den Kuchen 20 Minuten bis 1 Stunde kalt, damit er fest wird, bevor Du ihn mit Rollfondant oder Marzipan eindeckst.

MENGEN ZUM FÜLLEN UND ÜBERZIEHEN

Größe	10 cm	13 cm	15 cm	18 cm	20 cm	23 cm	25 cm	28 cm
Buttercreme & Ganache	175 g	250 g	350 g	500 g	650 g	800 g	1,1 kg	1,25 kg

Kuchen schnitzen und in Form schneiden

Wenn Du Kuchen in Form schneidest, kannst Du Deinen Projekten sehr auffällige Formen geben wie z. B. Topsy Turvy oder spiralförmige Hauben auf Riesencupcakes. Sehr feste, fast gefrorene Kuchen lassen sich sehr viel leichter in Form schneiden. Verpacke sie deshalb in Frischhaltefolie und stelle sie in den Kühl- oder Gefrierschrank, bevor Du anfängst.

Schneide immer nur kleine Stücke ab, damit Du nicht zuviel wegnimmst. Sobald Du die gewünschte Form erreicht hast, überziehst Du den Kuchen mit Buttercreme oder Ganache und füllst damit auch kleine Löcher oder Unebenheiten. Wenn der Kuchen zu krümelig wird, stelle ihn erneut 15 Minuten kalt und trage einen zweiten Überzug auf.

Kuchen mit Rollfondant eindecken

Überziehe den Kuchen vor dem Eindecken mit einer zweiten Schicht Buttercreme oder Ganache, um letzte Unebenheiten zu glätten. Du kannst den Kuchen notfalls auch mit einer zweiten Schicht Rollfondant oder Marzipan eindecken.

RUNDE KUCHEN

MATERIAL

- Rollfondant

- Puderzucker zum Ausrollen (optional)

ZUBEHÖR

- Back- oder Wachspapier

- Schere

- Großer antihaft-beschichteter Rollstab

- Großes Arbeitsboard mi Anti-Rutschmatte (optional)

- Ausrollhölzer

- Scriber (Nadelwerkzeug)

- Glätter

- Kleines scharfes Messer

1 Schneide ein Stück Back- oder Wachspapier zu, rundherum 7,5 cm größer als Dein Kuchen und lege den Kuchen darauf.

2 Knete den Rollfondant weich. Rolle ihn mit dem Rollstab auf einem Arbeitsboard oder einer mit Puderzucker bestäubten Fläche aus. Verwende Ausrollhölzer, um eine einheitliche Stärke von etwa 4 mm zu erhalten. Hebe den Rollfondant mit dem Rollstab an und drehe die Platte um 90 °, bevor Du ihn wieder hinlegst und weiterrollst. Versuche, der Paste eine runde Form zu geben, damit sie den Kuchen gut überdeckt. Drücke Luftblasen heraus oder steche sie mit dem Scriber an.

3 Hebe den Fondant dann mit dem Rollstab an und lege ihn über den Kuchen. Streiche ihn mit den Händen rundherum bis zum unteren Rand glatt. Ziehe den Fondant wieder ab, wenn sich Falten bilden, und glätte ihn erneut.

4 Streiche die Oberseite des Kuchens mit einem Glätter in kreisförmigen Bewegungen glatt. Arbeite an den Seiten mit dem Glätter in Vorwärtsbewegungen. Entferne überschüssigen Fondant mit einem scharfen Messer. Streiche den Kuchen mit dem Glätter noch einmal glatt.

FLÄCHEN EINZELN EINDECKEN

Um saubere Kanten zu erzielen, empfiehlt es sich manchmal, die verschiedenen Seiten des Kuchens (oben, vorne, hinten, rechts, links) mit einzelnen Stücken Rollfondant einzudecken. Diese Methode habe ich für die Projekte "Heimat der Superhelden", "Der große Auftritt", "Geliebte Spielzeugtruhe" und "Schminkkoffer mit Leopardenmuster" verwendet. Es hängt von der Konsistenz Deines Rollfondants ab, wie Du den Kuchen damit überziehst. Wenn es fest ist, kannst Du die genaue Größe zuschneiden, es am Kuchen anbringen und nur an den Rändern sauber abschneiden. Ich verwende einen eher weichen Rollfondant und schneide deshalb die Paste lieber direkt am Kuchen mit einem scharfen sauberen Messer ab.

QUADRATISCHE KUCHEN

Quadratische Kuchen werden ähnlich eingedeckt wie runde, jedoch musst Du bei den Ecken aufpassen, damit der Fondant nicht einreißt. Befestige zuerst den Fondant vorsichtig mit leicht gekrümmten Handflächen an den Ecken, bevor Du die Seiten glattstreichst. Sollte es dennoch Risse geben, kannst Du sie mit Royal Icing füllen, aber möglichst schnell, damit es sich gut anpasst.

> ### TIPP
>
> Rollfondant trocknet schnell und reißt dann, also arbeite zügig. Verpacke restliche Paste in Gefrierbeuteln, um sie vor dem Austrocknen zu schützen.

BENÖTIGTE MENGEN ZUM EINDECKEN

Hinweis: Erhöhe die Menge für quadratische Kuchen etwas.

Größe des Kuchens (9 cm hoch)	15 cm	18 cm	20 cm	23 cm	25 cm	28 cm
Marzipan / Rollfondant	650 g	750 g	850 g	1 kg	1,25 kg	1,5 kg

Band an Kuchen und Cakeboard befestigen

Miss zuerst, wie lang das Band sein muss, damit es um den Kuchen passt. Lege es um den Kuchen und schneide es mit 1 cm Zugabe ab. Lege das Band dann um den Kuchen und klebe die Enden mit doppelseitigem Klebeband aufeinander. Bei quadratischen Kuchen verfährst Du genau so. Falls es erforderlich ist, arbeite mit Teilabschnitten. Achte darauf, das Band nicht an den Kuchen zu kleben.

Damit der Gesamteindruck professionell ist, befestigst Du Satinband in einer passenden Farbe, 1,5 cm breit, mit doppelseitigem Klebeband am Rand des Cakeboards.

Cakeboards eindecken

Damit der Gesamteindruck stimmig ist, decke das Cakeboard mit Rollfondant ein.

1 Befeuchte das Board ein wenig mit Wasser. Rolle den Rollfondant – am besten zwischen Ausrollhölzern - 4 mm dick aus. Lege das Board entweder auf einen Drehteller oder an den Rand der Arbeitsfläche. Hebe den Fondant mit dem Rollstab an und lege ihn über das Cakeboard, am Rand herunterhängend.

2 Streiche mit dem Glätter den Fondant am Rand in einer abwärts gerichteten Bewegung glatt, um eine glatte Kante zu erzielen. Schneide überschüssige Paste sauber ab. Glätte die Oberseite, um für Deine Kuchen eine perfekte Unterlage herzustellen. Lasse den Fondant über Nacht trocknen.

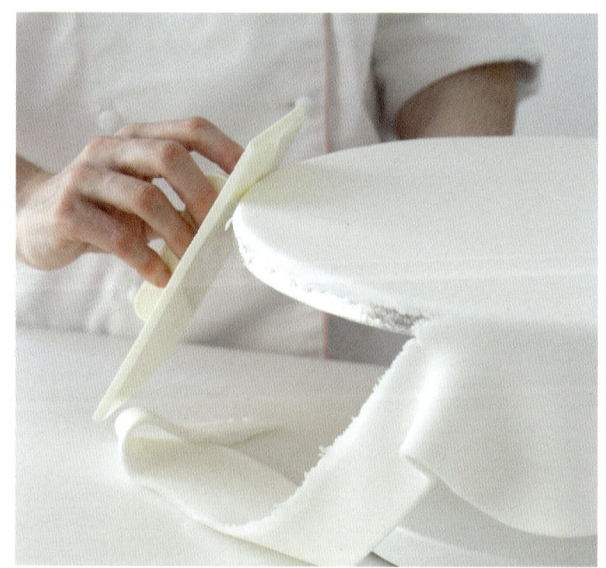

BENÖTIGTE MENGEN ZUM EINDECKEN

Cakeboard Größe	23 cm	25 cm	28 cm	30 cm	33 cm	35,5 cm
Rollfondant	600 g	650 g	725 g	850 g	1 kg	1,2 kg

Mehrstöckige Kuchen zusammensetzen

Kuchen zu mehrstöckigen Aufbauten zu stapeln, ist eine ganz einfache Sache, aber Du musst den richtigen Ablauf einhalten, damit der Aufbau sicher und zuverlässig hält. Ich empfehle die Verwendung von hohlen Kunststoff-Stützen, denn sie sind stabil und lassen sich leicht auf die passende Länge kürzen. Dünnere Stützen oder auch Strohhalme kannst Du gut für kleinere Kuchen verwenden. Halte Dich bezüglich der benötigten Anzahl an die untenstehende Tabelle.

MATERIAL

- Eingedecktes Cakeboard
- Festes Royal Icing (siehe Royal Icing)

ZUBEHÖR

- Vorlage für die Markierung der Oberseite
- Scriber (Nadelwerkzeug)
- Hohle Kuchenstützen
- Lebensmittelfarbstift
- Langes Wellenschliffmesser
- weiteres Cakeboard
- Wasserwaage
- Glätter

1 Markiere die Mitte des Kuchens mit der Vorlage für die Oberseite.

2 Markiere die Position der Stützen mit dem Scriber. Sie sollten gut innerhalb des Durchmessers des darauf zu stellenden oberen Kuchens liegen. Stecke an einer der Stellen eine Kuchenstütze in den Kuchen. Markiere die Höhe des Kuchens mit einem Lebensmittelfarbstift an der Stütze.

3 Nimm die Stütze heraus und schneide sie an der Markierung mit dem Messer ab. Kürze die restlichen Stützen auf dieselbe Länge und stecke sie an den markierten Stellen in den Kuchen. Lege ein Cakeboard darauf und prüfe mit der Wasserwaage, ob alle gleich lang sind.

4 Befestige den unteren Kuchen mit festem Royal Icing auf dem eingedeckten Cakeboard. Schiebe ihn mit den Glättern in die richtige Position. Lasse das Icing ein paar Minuten festwerden, bevor Du den nächsten Kuchen obendrauf stellst. Befestige auch ihn mit etwas Icing auf dem darunterliegenden Kuchen.

ANZAHL DER BENÖTIGTEN KUCHENSTÜTZEN

Kuchengröße	15 cm	20 cm	25 cm
Menge der Stützen	3–4	3–4	4–5

Minikuchen

Minikuchen sind kleine runde oder quadratische Kuchen, die aus einem großen quadratischen Kuchen ausgeschnitten, dann schichtweise gefüllt und eingedeckt werden, ähnlich wie die großen Kuchen. Die Anzahl und Größe der Minikuchen entscheidet über die Größe des zu backenden Kuchens, aber es ist immer besser, etwas mehr zu backen, um Ersatz für Bruch zu haben. Meine Minikuchen sind 5 cm groß und ich backe dafür einen quadratischen Kuchen mit 18 cm. Schau bei den Kuchenrezepten in der Tabelle nach, nimm aber nur zwei Drittel der Zutaten, da die Minikuchen niedriger sind. Backe den gesamten Teig in einer Form, statt ihn wie bei einem großen Kuchen aufzuteilen.

MATERIAL

- Großer quadratischer Rührkuchen (siehe Kuchenrezepte)

- Sirup (siehe Füllungen und Überzugsmassen)

- Buttercreme oder Ganache

- Rollfondant

ZUBEHÖR

- Tortenbodenschneider

- Runder Ausstecher oder Wellenschliffmesser

- Backpinsel

- Tortenpappe (optional)

- Palettenmesser

- Großer Rollstab

- Großes Arbeitsboard mit Anti-Rutschmatte

- Metall-Lineal

- Großes scharfes Messer

- Großer runder Ausstecher oder kleines scharfes Messer

- Zwei Glätter

RUNDE MINIKUCHEN

1 Schneide Deinen großen Kuchen mit dem Tortenbodenschneider waagrecht in zwei gleich hohe Böden. Stich einzelne runde Scheiben mit dem Ausstecher aus.

TIPP

Es ist leichter, den Rührkuchen auszustechen, wenn er sehr kalt und damit sehr fest ist.

2 Bestreiche die kleinen Böden mit Sirup und stapele sie mit einer Schicht Buttercreme (plus Marmelade, falls gewünscht) oder Ganache aufeinander. Es ist einfacher, den unteren Kuchen auf einer Tortenpappe in der gleichen Größe zu befestigen und darauf aufzubauen, aber nicht notwendig. Arbeite zügig und überziehe jeden Kuchen mit einer Schicht Buttercreme oder Ganache. Überziehe zuletzt die Oberseite und stelle die Kuchen mindestens 20 Minuten kalt, damit sie fest werden.

3 Rolle Rollfondant auf einem großen Arbeitsboard zu einem Quadrat von 38 cm Seitenlänge, 5 mm dick, aus. Schneide daraus neun Quadrate aus und lege eines über jeden Minikuchen. Wenn Du noch nicht so geübt bist, bereite zuerst die halbe Menge vor und decke den restlichen Fondant mit Folie ab, damit er nicht austrocknet.

4 Streiche den Rollfondant rundherum mit den Händen glatt und stich die überschüssige Paste mit einem großen runden Ausstecher ab.

5 Rolle den Kuchen zwischen zwei Glättern hin und her und drehe ihn dabei, um eine perfekt glatte Oberfläche herzustellen. Lasse den Fondant trocknen, am besten über Nacht, bevor Du den Kuchen dekorierst.

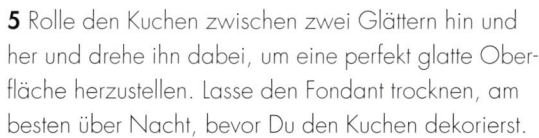

Quadratische Minikuchen

Ihre Herstellung ist ähnlich wie die der zuvor beschriebenen runden Minikuchen. Schneide sie mit einem langen Wellenschliffmesser aus dem großen Kuchen aus und entferne überschüssige Paste mit einem kleinen Messer nach dem Eindecken. Drücke die Seiten mit den Glättern an, indem Du sie auf gegenüberliegenden Seiten andrückst und den Fondant glattstreichst.

Cupcakes backen

Nimm für Cupcakes dieselben Rezepte wie für die Kuchen. Für eine Menge von 10 – 12 Cupcakes brauchst Du die gleichen Zutaten wie für einen runden Kuchen mit 15 cm Durchmesser oder einen quadratischen Kuchen mit 10 cm Kantenlänge.

Lege Backförmchen in die Mulden einer Muffin-Backform und fülle sie zu zweidrittel bis dreiviertel. Backe sie im vorgeheizten Backofen bei 180 °C etwa 20 Minuten, bis sie auf Fingerdruck federnd nachgeben.

Ich backe Cupcakes gern in einfarbigen Folienförmchen, die es in einer Vielzahl von Farben gibt, weil sie den Kuchen frischhalten und kein Muster von der Dekoration ablenkt. Aber Du kannst natürlich auch Papierförmchen verwenden und für einfache Cupcakes gern dekorative Muster wählen.

Cupcakes mit Rollfondant eindecken

Cupcakes sind schnell eingedeckt. Stich mit einem runden Ausstecher Scheiben aus Rollfondant aus und lege sie oben auf die Cupcakes. Die Cupcakes sollten dazu eine glatte, leicht gewölbte Form haben. Schneide sie erforderlichenfalls in Form.

1 Streiche mit einem Palettenmesser eine dünne Schicht Buttercreme oder Ganache auf die Cupcakes, damit sie eine perfekte glatte und abgerundete Unterlage für den Rollfondant haben.

2 Rolle etwas Rollfondant aus, stich mit einem runden Ausstecher Scheiben aus, die etwas größer sind als die Oberseiten der Cupcakes. Ich würde neun Scheiben gleichzeitig ausstechen und sie frischhalten, während ich sie eine nach der anderen verwende. Lege die Fondantscheibe auf den Cupcake und streiche sie glatt. Achte besonders auf eine saubere Kante.

Cupcakes mit Cremehaube

Am schnellsten und einfachsten dekorierst Du Cupcakes mit einer Haube aus Buttercreme. Dafür muss die Form der Cupcakes nicht perfekt sein, da die Haube alle Unebenheiten verdeckt.

1 Lasse die Cupcakes vor dem Aufspritzen der Creme vollständig auskühlen. Wenn sie Dir noch zu trocken sind, bestreiche sie zuerst mit etwas Sirup (siehe Füllungen und Überzugsmassen).

2 Du kannst die Cupcakes auch mit Gelee oder Marmelade füllen, bevor Du die Buttercreme aufspritzt. Fülle einfach eine Dosierflasche mit einer spitzen Tülle mit Gelee oder Marmelade, stecke sie in den Kuchen und drücke etwas Füllung hinein.

3 Stecke eine große runde oder Stern-Tülle in einen großen Einweg-Spritzbeutel und fülle ihn mit Buttercreme (siehe Füllungen und Überzugsmassen). Spritze eine runde oder spiralförmige Haube auf den Cupcake – mit etwas Übung wird jeder Cupcake perfekt aussehen.

4 Alternativ kannst Du die Creme mit einem Palettenmesser auftragen, um eine saubere kuppelförmige Haube herzustellen. Achte darauf, dass die Creme bei der Verarbeitung weich ist – sonst schlage sie noch einmal kurz auf oder erwärme sie, falls die Raumtemperatur sehr niedrig ist.

Kekse backen

Kekse bieten Dir viel Raum für Kreativität, da Du den Teig in unzähligen Formen ausstechen und sie passend zu jedem Anlass in ganz unterschiedlicher Art dekorieren kannst. Sie bieten eine hervorragende Gelegenheit, Kinder einzubinden und jede Menge Spaß bei der Herstellung zu haben. Außerdem kann man sie schon einige Zeit vor dem Anlass vorbereiten.

HALTBARKEIT

Der Keksteig kann ein paar Tage vorher zubereitet oder auch bis zur Verarbeitung eingefroren werden. Die gebackenen Kekse halten sich bis zu einem Monat.

MATERIAL
- 250 g Butter
- 250 g feinster Zucker
- 1 - 2 Eier Größe M
- 5 ml Bourbon-Vanillearoma
- 500 g Mehl, plus etwas mehr zum Ausrollen

ZUBEHÖR
- Küchenmaschine
- Teigschaber
- Kunststoff-Behälter
- Rollstab
- Keksausstecher oder Vorlagen
- Scharfes Messer (bei Verwendung von Vorlagen)
- Backbleche, mit Backpapier ausgelegt

TIPP

Verwende nicht zu viel Mehl beim Ausrollen, die Kekse werden dadurch zu trocken.

1 Schlage Butter und Zucker mit der Küchenmaschine auf, bis sie cremig und sehr locker sind.

2 Rühre Eier und Aroma sorgfältig unter.

3 Siebe das Mehl, gib es zur Masse und rühre, bis alle Zutaten gerade gut gemischt sind. Gib das Mehl am besten in zwei Portionen dazu und rühre nicht zu viel.

4 Lege einen Behälter mit Frischhaltefolie aus und fülle den Teig hinein. Drücke ihn fest nach unten. Bedecke ihn mit Frischhaltefolie und stelle ihn mindestens 30 Minuten kalt.

5 Rolle den Keksteig auf einer leicht bemehlten Arbeitsfläche etwa 4 mm dick aus. Bestäube die Oberfläche ganz leicht mit Mehl, damit der Teig beim Ausrollen nicht am Rollstab anklebt.

6 Stich die Kekse mit Ausstechern aus oder schneide sie mit Hilfe von Vorlagen und einem scharfen Messer in die gewünschte Form. Lege sie auf ausgelegte Backbleche und stelle sie weitere 30 Minuten kalt. Heize in der Zwischenzeit den Backofen auf 180 °C vor.

7 Backe die Kekse etwa 10 Minuten, je nach Größe, oder bis sie goldbraun sind. Lasse sie vollständig auskühlen, bevor Du sie in luftdicht verschlossenen Behältern bis zur Dekoration lagerst.

Cookie Pops

Die Herstellung von Cookie Pops macht sehr viel Spaß, und Kinder lieben sie! Backe Deine Kekse wie zuvor beschrieben, stecke jedoch vor dem Ausstechen einfach die Stiele in den Teig. An den Stielen kannst Du natürlich nicht ausstechen, deshalb schneide in diesem Bereich den Teig vorsichtig mit dem Messer zu.

ZUSÄTZLICHE GESCHMACKSSTOFFE

Schokolade Ersetze 50 g Mehl durch ungesüßtes Kakaopulver.

Zitrus Lasse die Vanille weg und gib fein abgeriebene Schale von Zitrone oder Orange dazu.

Mandel Ersetze Vanille durch 5 ml Mandelextrakt.

DEKORATIONSTECHNIKEN

Royal Icing

Royal Icing ist vielseitig einsetzbar, es eignet sich als Überzug von Kuchen und Keksen, zum Spritzen filigraner Muster, oder als Klebstoff. Der Umgang mit Royal Icing ist eine der wichtigsten Grundlagen in der Tortendekoration.

Die besten Ergebnisse erzielst Du mit frischem Royal Icing, es hält sich jedoch bis zu 5 Tage in einem luftdicht verschlossenen Behälter. Schlage die eingelagerte Menge zur richtigen Konsistenz auf, bevor Du sie verwendest.

MATERIAL
- 2 Eiweiße Größe M oder 15 g Trockeneiweiß-Pulver, verrührt mit 75 ml (5 EL) Wasser
- 500 g Puderzucker

ZUBEHÖR
- Küchenmaschine
- Sieb
- Teigschaber

1 Wenn Du das Eiweißpulver verwendest, lasse es mindestens 30 Minuten im Wasser quellen. Siebe die Mischung dann durch.

2 Siebe den Puderzucker in die Rührschüssel der Küchenmaschine und gib die Eiweiße bzw. das angerührte Pulver dazu.

3 Rühre die Mischung etwa 3 – 4 Minuten auf niedriger Stufe durch, bis das Icing eine steife Konsistenz hat. Dies ist die richtige Konsistenz, um Dekorationen anzubringen oder Kuchen aufeinander zu befestigen.

4 Lagere das Icing in einem luftdicht verschlossenen Behälter und bedecke es mit einem feuchten Tuch, damit es nicht austrocknet.

Bitte beachten:

Die öfter verwendeten Mengenangaben

¼ Portion Royal Icing (siehe Royal Icing) oder
½ Portion Royal Icing (siehe Royal Icing)

beziehen sich auf die Mengen dieses Rezeptes!

Weiches (soft-peak) Royal Icing

Um das Icing etwas weicher zu machen, gibst Du eine winzige Menge Wasser hinzu. Es lässt sich dann leichter spritzen. Wenn Du die Rührbesen herausziehst, sollte es Spitzen bilden, die weich und langsam umfallen, statt aufrecht stehen zu bleiben.

Run-Out Icing

Royal Icing wird mit Wasser verdünnt, um Flächen zu füllen. Prüfe die Konsistenz: Ziehe den Löffel heraus und lasse das Icing in die Schüssel zurückfließen. Es sollte 5 Sekunden auf der Oberfläche sichtbar bleiben, bevor es verschwindet. Wenn es zu dünnflüssig ist, läuft es über die Umrandung an den Seiten des Kekses hinunter; ist es zu dickflüssig, verteilt es sich nicht sehr gut.

Einen Spritzbeutel herstellen

1 Schneide aus einem großen quadratischen Blatt Wachs- oder Backpapier zwei gleich große Dreiecke. Für eine kleine Tüte sollte das Quadrat eine Seitenlänge von 15 – 20 cm haben, für einen großen Spritzbeutel 30 – 35 cm.

2 Als Rechtshänder hältst Du die mittlere Ecke zu Dir gerichtet, mit der längsten Seite am weitesten von Dir entfernt, und rollst die rechte Ecke nach innen. Die Ecke soll auf die mittlere Ecke treffen. Halte beide mit dem Daumen und Zeigefinger der rechten Hand zusammen.

3 Rolle die linke Ecke mit der linken Hand nach innen und lege die Spitze über die beiden anderen in der Mitte des Kegels. Halte alle drei Spitzen mit beiden Daumen und Zeigefingern fest. Ziehe den Kegel durch Hin- und Herreiben mit den Fingern enger zusammen, bis Du eine scharfe Spitze am Ende des Beutels hast.

4 Falte die Rückseite des Beutels (wo sich alle Ecken des Dreiecks treffen) vorsichtig nach innen um und drücke den Knick fest zusammen. Falte den Knick ein zweites Mal zur Befestigung um.

TIPP

Stelle mehrere Spritzbeutel gleichzeitig her und bewahre sie für spätere Dekorationen auf.

Spritzen mit Royal Icing

Nimm zum normalen Spritzen Royal Icing in soft-peak-Konsistenz (siehe Royal Icing). Die Größe der Spritztülle hängt davon ab, was Du spritzen willst und wie erfahren Du bist.

Fülle den Spritzbeutel nicht mehr als zu einem Drittel. Falte den oberen Rand um, weg von der Naht, bis der Beutel eng und gut verschlossen ist. Die richtige Haltung des Spritzbeutels ist entscheidend. Führe die Spitze mit dem Zeigefinger. Du kannst die Hand auch mit der anderen Hand führen, wenn es Dir so leichter fällt.

Zum Spritzen von Tupfen drückst Du den Beutel leicht, bis der Tupfen die gewünschte Größe hat. Löse den Druck und ziehe den Beutel weg. Wenn das Icing eine Spitze bildet, drücke sie mit einem feuchten Pinsel leicht flach.

Zum Spritzen von Tropfen ziehst Du die Tülle nach dem Spritzen des Tupfens durch das Icing, löst den Druck und ziehst den Beutel weg. Für langgezogene Tropfen und Spiralen spritzt Du eine Kugel aus Icing und ziehst das Icing zu einer Seite, um eine Spirale oder einen Schnörkel zu bilden. Erhöhe den Druck und die Menge des Icings für längere, größere Formen. Wenn Du beim Spritzen dicht über der Oberfläche bleibst, nennt man das "scratch piping".

Setze zum Spritzen von Linien die Tülle auf und hebe sie mit einer weichen Bewegung an, während Du drückst. Senke den Druck und führe die Tülle zurück an den Punkt, an dem die Linie enden soll. Versuche, das Icing nicht zu ziehen, sonst wird es ungleichmäßig. Halte Dich an eine Vorlage oder einen Keksrand als Richtlinie.

Für Punktmuster tropfe dünnflüssiges Icing in einer anderen Farbe in das noch feuchte Icing, mit dem Du die Fläche gefüllt hast. Es sieht dann anders aus, als wenn Du das Icing einfach auf die bereits trockene Fläche aufspritzt.

Kekse mit Royal Icing überziehen

So dekoriere ich meine Kekse am liebsten – ich liebe den Geschmack des knusprigen Icings auf dem etwas weicheren Keks darunter. Wenn Du eine größere Menge von Keksen überziehen willst, nimm lieber eine Dosierflasche mit kleiner Tülle statt eines Spritzbeutels.

MATERIAL

- Soft-peak Royal Icing (siehe Royal Icing)

ZUBEHÖR

- Kleine und große Spritzbeutel

- Spritztüllen Nr. 1 und 1,5

1 Stecke die Tülle Nr. 1,5 in einen kleinen Spritzbeutel und fülle ihn mit etwas weichem Royal Icing. Spritze einen Rand auf den Keks auf oder umrande eine Fläche, die Du füllen möchtest.

2 Verdünne etwas Royal Icing mit Wasser zu einer dünnflüssigeren Konsistenz (siehe Run-Out Icing) und fülle es in einen großen Spritzbeutel mit einer Tülle Nr. 1. Fülle die umrandete Fläche damit. Bei größeren Flächen kannst Du auch die Spitze des Spritzbeutels abschneiden, statt eine Tülle zu verwenden. Ist die zu füllende Fläche relativ groß, dann fülle zuerst die Flächen am Rand entlang und arbeite zur Mitte hin, damit die Füllung gleichmäßig wird.

3 Sobald die Fläche getrocknet ist, kannst Du beliebig Details aufspritzen und weitere Dekorationen aufbringen.

Mit Blütenpaste arbeiten

Blütenpaste kann man sehr dünn ausrollen, wodurch sie sich hervorragend für zarte filigrane Dekorationen auf Kuchen und Keksen eignet, wie z. B. Blumen, Rüschen und Schleifen. Einige Sorten Rollfondant sind relativ fest, Du kannst sie ggfs. statt Blütenpaste verwenden.

Knete die Paste vor der Verarbeitung sorgfältig weich. Ziehe sie dazu immer wieder mit den Fingern in die Länge. Manchmal empfiehlt es sich, die ausgeschnittene Form etwas antrocknen zu lassen, bevor Du sie am Kuchen befestigst. Blütenpaste trocknet schnell, deshalb solltest Du Reste immer sofort wieder in Folie verpacken.

Modellierpaste und CMC

Modellierpaste ist ähnlich wie Rollfondant, allerdings fester. Du kannst damit größere und stabilere Formen modellieren, wie z. B. die Teddybären in "Teddybären-Picknick" und die Spielzeuge in "Geliebte Spielzeugtruhe". Sie ist nicht so fest und trocknet nicht so schnell wie Blütenpaste. Du kannst Modellierpaste fertig kaufen, aber es ist günstiger, sie selbst herzustellen. Knete dazu einfach etwas CMC-Pulver in Rollfondant ein. Nimm etwa 1 EL (15 ml) CMC auf 300 g Rollfondant.

Paste einfärben

Es gibt drei Arten Lebensmittelfarbe zum Einfärben von Zuckerpasten: Farbpaste, flüssige Farbe und, weniger gebräuchlich, Farbpulver. Ich bevorzuge Paste, da die Zuckerpasten nicht so weich und klebrig werden. Nimm kleine Mengen Farbpaste mit einem Zahnstocher, größere Mengen mit einer Messerspitze, und knete sie in die Paste. Gib die Farbe immer nach und nach dazu und bewahre etwas weißen Rollfondant auf, falls Du zu viel Farbe genommen hast. Flüssige Farbe ist gut zum Einfärben von Royal Icing, aber nimm nicht zu viel. Die Farbe kann sich während des Trocknens verändern. Manche werden heller, andere dunkler.

TIPP

Am besten färbst Du mehr Paste ein, als Du benötigst, falls etwas schiefgeht. Reste kannst Du in einem luftdicht verschlossenen Behälter in Folie verpackt gut aufheben.

Lebensmittelkleber herstellen

Mit Lebensmittelkleber befestigst Du einzelne Teile aneinander und am Kuchen. Er ist einfach herzustellen: Gib 40 ml gekochtes, abgekühltes Wasser zu 8 ml CMC. Mische es 10 – 20 Minuten durch, bis es sich aufgelöst hat. Für einen dickeren Kleber gib mehr CMC dazu; um den Kleber zu verdünnen, mehr Wasser.

Bedrucktes Fondantpapier

Mit bedrucktem Fondantpapier kannst Du Deinem Kuchen schnell eine gemusterte Oberfläche geben. Essbare Fotos und Bilder gibt es schon eine ganze Weile und sie sind nichts anderes als Fondantpapier, mit Lebensmittelfarbe bedruckt. Seit kurzem gibt es jetzt auch Papier mit Musterdruck - aber viel besser ist, dass Du es selbst entwerfen kannst! Ich habe für "Die Heimat der Superhelden" ein Tupfenmuster genommen, aber die Möglichkeiten sind endlos. Wenn Du nicht die Möglichkeiten oder Ressourcen hast, eigene Muster zu entwerfen, kannst Du auch Papier zum Ausdrucken online herunterladen (achte auf Urheberrechte!) oder Du schickst mir eine Email und ich sende sie Dir (siehe Lieferanten). Du kannst die Dateien auch zu einem Lieferanten zum Ausdrucken schicken.

Vorlagen

Alle Vorlagen haben eine Größe von 50% und müssen bei Verwendung auf doppelte Größe gebracht werden!
Druckfähige Versionen gibt es unter http://ideas.stitchcraftcreate.co.uk/patterns

KNÖPFE UND WIMPEL FÜRS BABY & NIEDLICHE ELEFANTENKEKSE

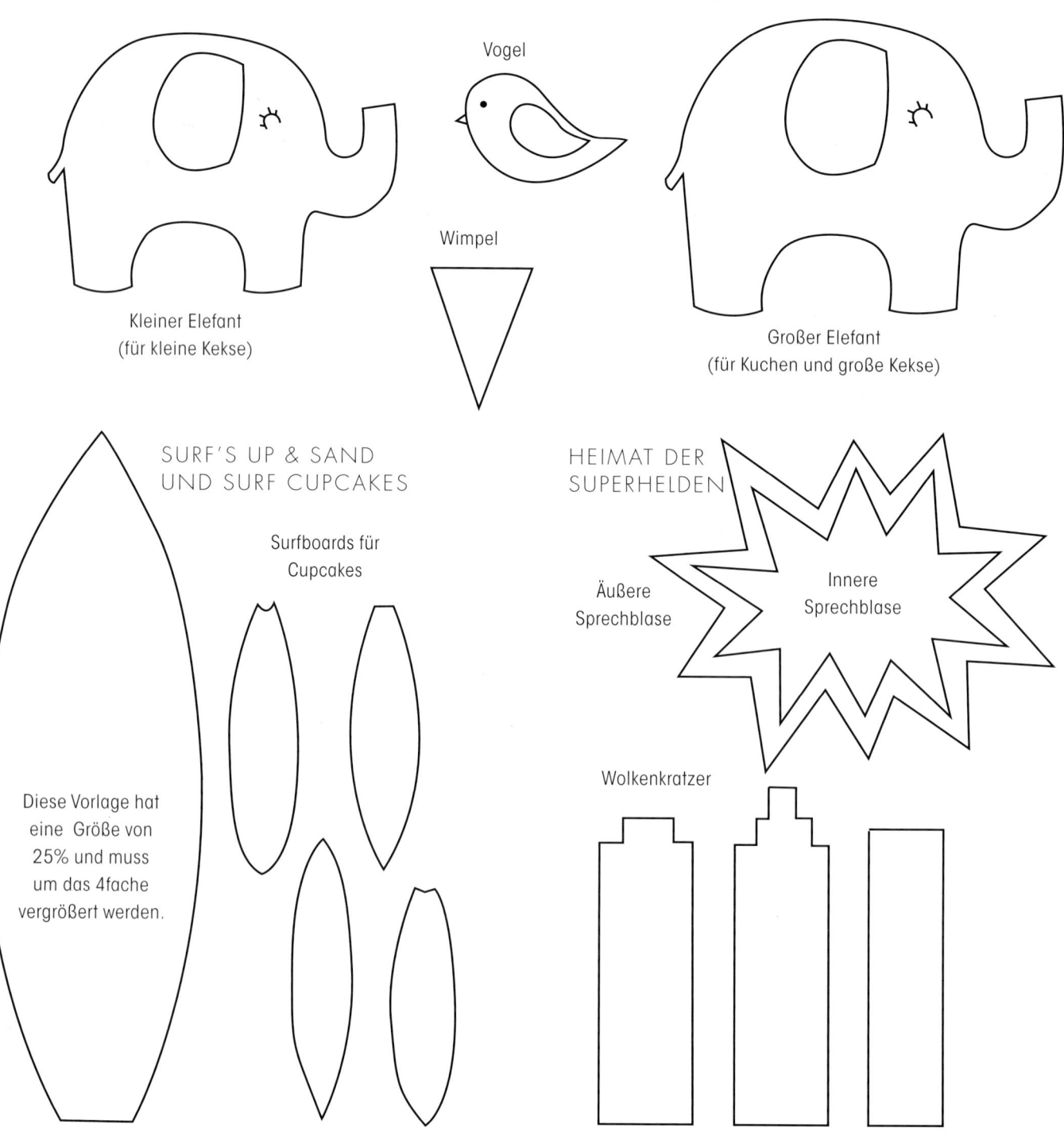

Vogel

Kleiner Elefant
(für kleine Kekse)

Wimpel

Großer Elefant
(für Kuchen und große Kekse)

SURF'S UP & SAND
UND SURF CUPCAKES

Surfboards für
Cupcakes

Diese Vorlage hat
eine Größe von
25% und muss
um das 4fache
vergrößert werden.

HEIMAT DER
SUPERHELDEN

Äußere
Sprechblase

Innere
Sprechblase

Wolkenkratzer

DIE PRINZESSIN AUF DER ERBSE

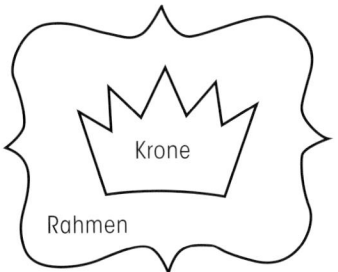

Krone

Rahmen

RITTER DER TAFELRUNDE

Schild

Schild für
Minicake

Helm für
Minicake

MITTEN IM GARTEN

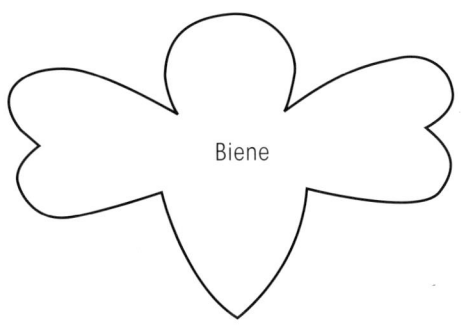

Biene

GANZ GROSSER AUFTRITT

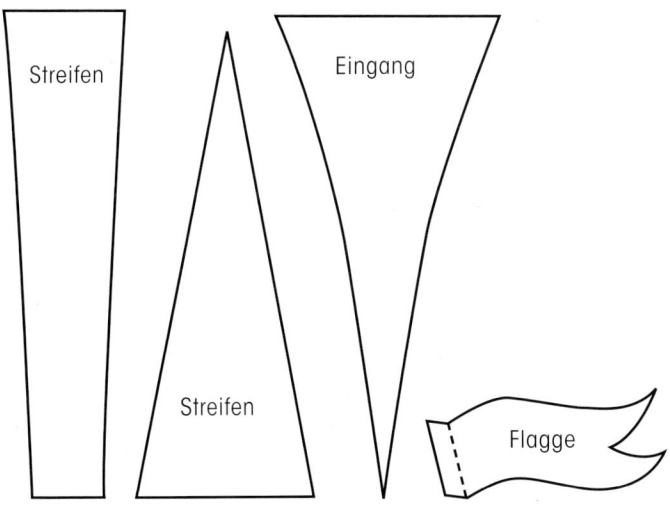

Streifen

Eingang

Streifen

Flagge

PHANTASTISCHE MASKEN-KEKSE

Maskenformen

Lieferanten

TORTEN-BOUTIQUE
www.torten-boutique.de
Claudia Iffert
Am Wiesengrund 1
40764 Langenfeld
Tel: 02173 - 106 77 48

ZUCKER-ORCHIDEE
www.zucker-orchidee.de
Plochinger Straße 144
73730 Esslingen
Tel: 0711 - 94 54 43 99

KD TORTEN GMBH
www.kdtorten.de
Colonnaden 3
20354 Hamburg
Tel: 040 - 357 151 17

CAKE COMPANY
www.cake-company.de
Jacobi Decor GmbH
Maarstraße 72
53842 Troisdorf-Spich
Tel: 02241 - 39 70 30

ZUCKERPAPIER24
www.zuckerpapier24.de
Geschwister-Scholl-Strasse 2
96106 Ebern
Tel: 09531 - 94 47 10

ALB-TORTEN
www.alb-torten.de
Müllerwies 1
65232 Taunusstein-Neuhof
Tel: 06128 - 95 16 06

HILFE, TIPPS & INFOS

http://tortentante.blogspot.de
Der große Tortenblog mit
vielfältigen Anleitungen und
wertvollen Tipps für Motivtorten

http://www.torten-talk.de
Der beliebte Treffpunkt zum
Austausch von Tipps, Infos,
Ideen und mehr ...

http://ig-tortendesign.mixxt.com
Interessengemeinschaft Tor-
tendesign e.V.
Unterstützung & Beratung beim
Weg in die Selbstständigkeit.

Dank

Mein Dank gilt meinem Fotografen
Mark, dem Designer Vic und der
Redakteurin Beth für ihre harte Arbeit
und Hilfe bei der Entstehung dieses
Buches.

Im weiteren bedanke ich
mich bei meiner Familie und
meinen Mitarbeitern, ohne deren
Unterstützung es mir niemals
möglich gewesen wäre, die Dinge
zu tun, die ich tun möchte.

Zu guter Letzt geht mein
besonderer Dank an die großartigen
Modelle Jackson, Maya, Melody
und Phoebe!

Über die Autorin

Zoe Clark ist eine der führenden Tortendesignerinnen in London. Ihre Entwürfe erscheinen regelmäßig in Englands großen Hochzeits- und Tortenmagazinen und ihre Arbeiten waren auch schon im Fernsehen und in Filmen zu sehen. Bisher sind von ihr sechs Bücher bei David & Charles erschienen, alle in ihrem einzigartigen Stil. Im November 2010 eröffnete Zoe „The Cake Parlour" im Südwesten Londons, wo man nicht nur Kuchen und Gebäck für alle Gelegenheiten in Einzelanfertigung bestellen kann, sondern wo sie auch Kurse für angehende Tortenkünstler aus ganz England und über die Grenzen hinaus gibt. Darüber hinaus gibt Zoe Kurse in der ganzen Welt. Ihre Tutorials sind auch online zu finden.

www.zoeclarkcakes.com

Index

Backformen vorbereiten 97
Backstein, Prägewerkzeug 44
Bälle und Kugeln 29, 65
Ballons, Zucker 73
Band 110
bedrucktes Fondantpapier 92-93, 123
Blätter, Zucker 12, 34-35
Blumendesigns 11, 34-39, 48-51, 88-89
Blütenpaste, arbeiten mit 122
Buttercreme 50-51, 66-67, 104, 107, 113, 115

Cakeboards 110
Camouflagemuster 63, 66-67, 100
Clown 74-75
CMC 122-123
Cupcakes
    backen 114
    Kekse in Cupcakeform 80-81
    Riesen- 76-81
    Vorschläge für 13, 50-51, 58-59, 66-67, 74-75, 124
    Toppings für 50-51, 66-67, 114-115

Discothek 52-59
Dünner Überzug 107

Einfärben 123
Einzelne Flächen eindecken 109
Elefant 10-11, 14-15, 124
Ente 30-31, 114

Farbspray 48-51
Flächen mit Icing füllen 118, 121
Flaggen, Zucker 72, 125

Ganache 105, 107, 113
Garten 32-39, 125

Geschmacksstoffe 99, 117
Gras 37, 65

Haltbarkeit 99, 116
Hase 27
Holzmuster 26

Käfer 32-39, 125
Kekse
    backen 116-117
    Cookie Pops 43, 117
    überziehen 121
    Vorschläge für 14-15, 22-23, 38-39, 57, 66-67, 80-81, 94-95, 124-125

Knöpfe, Zucker 12
Korbmuster, Prägewerkzeug 18
Krone 41-43, 117
Kuchen abstützen 111
Kuchen eindecken 108-110, 113-115
Kuchen füllen 106-107
Kuchen schichten 106-107
Kuchen schnitzen 108-109
Kuchen stapeln 111
Kuchenrezepte 96-99, 114
Kuchenskulpturen 108-109
kugelförmige Kuchen 52-57

Lebensmittelkleber 125
Leopardenmuster 82-83, 85-86, 103

Make-up 82-89, 102, 109
Marmeladen-Füllung 115
Masken 94-95, 125
Minikuchen 30-31, 44-45, 88-89, 112-114
Modellierpaste, arbeiten mit 122
Musiknoten, Zucker 57

Picknick 16-23, 122
Portionsangaben 97

Quilting-Technik 32-39

Regenbogenkuchen 102
Richtwerte für Kuchengrößen 99
Rollfondant, 108-109, 113-115
Royal Icing 22-23, 38-39, 66-67, 80-81, 94-95, 118-121
Rührkuchen, klassisch 98, 114

Schablonieren 48-51
Schleifen, Zucker 20
Schmetterling 34-35, 38-39
Seil 18
Silber auftragen 56, 58-59, 88-89
Sirup 104, 107, 113
Spielzeug 24-31, 109, 122
Sprechblasen 92-93, 124
Spritzbeutel selbst herstellen 119
Stichrädchen 11, 27
Superhelden 90-95, 102, 109, 123
Surfen 46-51, 124

Topsy Turvy 60-65
Torten fürs Baby 8-23, 24-31
Tupfenmuster 10

Überraschungskuchen 100-103

Vögel 11, 13, 124

Wappen 44-45
Wimpel 8-13, 42-43, 124

Zirkus 68-75, 102, 109, 125
Zubehör 6

A DAVID & CHARLES BOOK
© F&W Media International, Ltd 2014

Originaltitel der englischen Ausgabe: **Simply Perfect Party Cakes for Kids**

Erstveröffentlichung in englischer Sprache durch DAVID & CHARLES in Großbritannien und USA, 2014

David & Charles ist eine Verlagsmarke der F&W Media International, LTD
Brunel House, Forde Close, Newton Abbot, TQ12 4PU, UK

F&W Media International, LTD ist eine Tochtergesellschaft der F+W Media, Inc.
10151 Carver Road, Suite #200, Blue Ash ,OH45242, USA

Text and Designs © Zoe Clark 2014
Layout and Photography © F&W Media International, Ltd 2014

Zoe Clark behält sich unter Berufung auf das UK Copyright, Designs and
Patents Act von 1988 alle Rechte an diesem Buch als Autor vor

Deutsche Erstausgabe: cake & bake Verlagsgesellschaft mbH 2015

ISBN 978-3-9815358-1-5

1. Auflage 2015

Verantwortlich für die deutsche Übersetzung: Dipl.-Betriebswirtin Sibylle Koch
Lektorat: Martina Körver, Essen

Copyright der deutschen Texte © cake & bake Verlagsgesellschaft mbH

Verlagsanschrift:
cake & bake Verlagsgesellschaft mbH
Dorfstraße 1a
24326 Dersau
www.cakeandbake.company
mail@cakeandbake.company

Printed in China by RR Donnelley